CHARLES JOLIET

LES

PSEUDONYMES

DU JOUR

NOUVELLE ÉDITION

PARIS

E. DENTU, ÉDITEUR

LIBRAIRE DE LA SOCIÉTÉ DES GENS LE LETTRES

PALAIS-ROYAL, 15 17, 19, GALERIE D'ORLÉANS.

1884

ERNEST VERGEAT

SCAVOIR

AI

DE

BESOIN

EX-LIBRIS

J.Bonile
1925

OUVRAGES DU MÊME AUTEUR

2351-83 — Imprimerie D. BARDIN et Cie, à Saint-Germain.

LES PSEUDONYMES

DU JOUR

Ouvrage tiré à petit nombre

75 exemplaires sur papier de Hollande

ET

25 exemplaires sur papier du Japon

A

JULES CLARETIE

CHARLES JOLIET.

PRÉFACE

DE LA PREMIÈRE ÉDITION

L'accueil fait par le public aux deux premières publications dans les journaux des Pseudonymes du jour m'a encouragé à les réunir en volume. Il ne sera pas inutile d'initier les curieux à l'enfantement de ce livre.

Je m'amusai un jour à dévoiler, dans *la Petite Revue*, les pseudonymes nombreux de *la Vie parisienne*. *Le Figaro* vint ensuite, les *Journaux étrangers*, rédigés en français, — ou à peu près, — les *Journaux politiques*, les *Revues*, etc., etc.

Dès le début de ce travail, les communications m'arrivèrent de tous les côtés. Sans y penser, au jour le jour, j'enregistrais à bâtons rompus et je jetais à la brassée les pseudonymes que je recueillais au hasard, écrivains, dessinateurs, musiciens, comédiens, etc. Plus j'allais, plus les pseudonymes pleuvaient. Je finis par me passionner à cette chasse singulière à laquelle les journaux s'intéressaient. Je soutins des polémiques, tout en rectifiant les erreurs de détail qui m'étaient signalées.

a.

Après une première publication dans *la Petite
Revue* (1865), Gustave Bourdin me proposa de donner
cette série dans *le Figaro*. Je réunis alors mes matériaux entassés pêle-mêle, en leur faisant subir un
premier classement alphabétique par divisions de
chapitres :

DOMINOS FÉMININS. — HOMMES DE LETTRES. — PAVIL-
LONS NEUTRES. — JOURNAUX ÉTRANGERS. — PEINTRES,
DESSINATEURS ET SCULPTEURS. — COMPOSITEURS ET
MUSICIENS. — COMÉDIENS.

Cette seconde publication, classée, augmentée et
épurée, me permit de me rendre compte de l'ensemble de mes recherches et des communications que
j'avais fondues dans mon travail. En même temps,
j'eus encore l'occasion de faire disparaître quelques
erreurs de détail et de recueillir de nouveaux pseudonymes et d'intéressantes informations. En tête des
séries du *Figaro* on lisait la note suivante :

> « Ceci est un travail de curiosité
> littéraire. »

« Il fut un temps où les journaux représentaient
une idée commune, un drapeau sous lequel les journalistes étaient groupés autour du rédacteur en chef,
comme des soldats disciplinés obéissant au mot d'ordre de leur général. A part les anciens, qui pourrait
aujourd'hui rappeler les noms des simples soldats?
Personne ne signait.

« La loi nouvelle, en exigeant la signature de tous

les articles, changea les conditions de la presse et diminua l'influence qu'elle exerçait par l'union collective de ses membres et le prestige de l'inconnu. Toutefois, la loi reconnaissait à l'écrivain le droit de dissimuler sa personnalité sous le voile plus ou moins transparent du pseudonyme. Aussi, depuis cette époque, se sont-ils multipliés, surtout dans les journaux. On peut dire, à l'honneur des écrivains français, que si le pseudonyme est un masque, il est rarement une cuirasse. Le masque tombe et l'homme apparaît, soit en face du magistrat, soit en face d'un adversaire.

« Quels que soient les motifs qui déterminent le choix d'un pseudonyme, nous n'avons pas à nous en occuper ici. Il est des noms contre lesquels le public se cabre, qu'il ne veut point entendre, d'autres qui lui entrent dans les oreilles comme un accord parfait. Il faut donc considérer un nom de convention, un pseudonyme, comme une nécessité pour qui veut le lancer dans la circulation. On ne vient pas toujours au monde en s'appelant *Voltaire*[1] ou *Rivarol.* Ces noms-là n'existent pas, on les invente.

« Ainsi qu'il est dit en tête de cette introduction, le travail que nous publions aujourd'hui dans *le Fi-*

---

1. On n'est pas d'accord sur l'origine du pseudonyme de *Voltaire.* Est-ce le nom de *Volterre*, petit village, qui l'aura frappé par sa sonorité et sa désinvolture? On a voulu y trouver l'anagramme de son nom, *Arouet le jeune, Arouet l. j.* En effet, en prenant l'*u* pour un *v*, et le *j* pour un *i*, la combinaison est régulière, bien qu'un peu forcée.

garo est un travail de pure curiosité littéraire. Bien que nos recherches tendent à le compléter autant qu'il nous sera possible, nous préférerions une lacune à une divulgation qui pourrait être préjudiciable à quelqu'un. »

Un autre sujet m'avait aussi tenté, celui des Livres a clef. L'idée, qui n'est pas nouvelle, m'en était venue en indiquant les personnalités des *Portraits parisiens* de Charles Yriarte. Plus tard, j'y revenais dans une Chronique du *Charivari* :

« Ce serait une étude amusante et certainement digne de tenter un esprit curieux, que celle de dégager des romans modernes le côté autobiographique et d'ôter les masques plus ou moins transparents de leurs personnages. De ce nombre, les plus connus sont : *Elle et Lui*, de George Sand, *Lui et Elle*, de Paul de Musset, plusieurs personnages de Balzac, quelques-uns de Stendhal, etc., etc. Il est bon nombre de romans auxquels on peut appliquer ce mot : « Ne causez pas à dîner avec M. de Balzac, c'est un homme qui mettrait votre grand'mère en feuilleton. »

Je n'ai pas donné suite à ce projet, qui touche à des questions délicates, craignant d'en dire trop ou pas assez. Il faut reconnaître aussi que les types réels sont souvent présentés avec des traits étrangers. Le mélange de la réalité dans le fond et de la fiction dans les détails rend encore cette tâche plus difficile. L'auteur seul pourrait démêler la fable et la vérité de son œuvre, et encore serait-il peut-être souvent lui-même assez embarrassé.

Il n'est pas besoin, je suppose, d'établir la distinc-
tion entre un *Nom d'artiste* et un *Pseudonyme*. Il y
a des noms d'artiste tellement connus que c'est le
nom réel de l'auteur qui serait un pseudonyme. Gérard, Chevallier, de Noé ou d'Arnoult ne sont-ils pas
des noms énigmatiques pour le public, qui connaît
J.-J. Grandville, Gavarni, Cham et Bertall? La juris-
prudence elle-même confirme cette opinion.

Je dois répondre d'avance à une double observation qui se présente d'elle-même à l'esprit de ceux
qui s'intéressent à ce travail :

*Il y a des pseudonymes qui ne figurent pas dans
cette galerie.*

*Les pseudonymes sont souvent dévoilés sans dési-
gnation des ouvrages et des journaux où ils ont été
signés.*

Je réponds à ces deux observations :

Je n'ai pas la prétention et il n'entre pas non plus
dans ma pensée de faire un ouvrage complet sur les
Pseudonymes. Je crois qu'une vie entière n'y suffirait
pas, en considérant qu'il y a environ six cents journaux périodiques à Paris peuplés de pseudonymes, et
qu'il s'en fonde tous les jours de nouveaux. D'après
le relevé de la *Liste générale des membres de la
Société des Gens de lettres*, publiée en 1865, on en
compte plusieurs centaines. Quant à suivre la trace
d'un pseudonyme à travers ses incarnations et ses pé-
régrinations, je déclare simplement cette tentative
impraticable. Tel pseudonyme a abrité la personnalité de plusieurs écrivains différents et a traversé

vingt journaux; souvent même il passe à l'état de
Pavillon neutre et tombe dans le domaine général.

Je me suis donc attaché à ne donner que ceux qui
peuvent servir, à divers titres, aux recherches sur
l'histoire de la littérature contemporaine. Ceux que
je pourrai recueillir encore dans la suite seront publiés en supplément, soit qu'ils aient été omis dans
cette édition, soit qu'ils se produisent après sa date.

J'ai dû aussi m'abstenir de certaines révélations.
Les curieux ne me sauront pas bon gré, sans doute,
de m'être volontairement privé de mon droit et d'un
élément de succès. Je respecte trop les lettres, aux-
quelles j'ai l'honneur d'appartenir tout entier, je dois
trop à la bienveillance et à l'amitié de mes confrères,
qui m'en ont donné tant de marques, pour ne pas pré-
férer un reproche au regret de blesser même un ennemi. Je n'insisterai pas sur ce point, et le public n'a
pas à m'en tenir compte. En publiant ce travail de
pure curiosité, je reste dans les strictes limites de la
solidarité littéraire.

On trouvera peu de détails bibliographiques et
biographiques. Presque tous les noms qui figurent
dans cette galerie ont leur place marquée dans le
Dictionnaire des Contemporains de M. G. Vapereau.

Je ne veux pas terminer sans remercier ici ceux
qui m'ont facilité l'achèvement de ce livre par leurs
communications, leurs avis et leurs observations. Je
mentionnerai particulièrement mes confrères *Albert
de la Fizelière, Jules Claretie, Charles Monselet,*

Arthur Pougin, *Georges Decaux*, auxquels je dois de précieuses informations.

Lors de la publication première des *Pseudonymes*, Quérard, le savant auteur des *Supercheries littéraires*, et maître en la matière, exprima le désir de connaître l'auteur., et je lui rendis visite. Il allait donner la deuxième édition, entièrement refondue, des *Supercheries littéraires*, lorsque la mort interrompit son œuvre. J'ai pu avoir communication des premières feuilles du tome Ier, où j'ai lu dans l'*Avertissement* cette note qui me concerne :

« *La Petite Revue*, que publie le libraire Pincebourde (1863-1865, 6 vol. in-12), nous a fourni de piquantes révélations sur MM. les journalistes actuels de la petite presse ; nous en avons tiré, en outre, quelques autres renseignements sur des écrivains d'un ordre plus élevé ; ils ont eu souvent besoin de notre contrôle. »

Ce contrôle s'est fait de lui-même, par la double publication dans *la Petite Revue* et dans *le Figaro*. Depuis, le travail s'est complété. On trouvera sans doute dans les pseudonymes qu'il renferme plusieurs noms déjà dévoilés, mais assez connus pour être considérés comme tombés dans le domaine public. J'ignore si d'autres chercheurs auront l'idée d'exploiter une mine que je n'ai pas épuisée. Je dois les prévenir que le fond et l'ensemble de mes recherches ne sont pas des matériaux. Un très grand nombre des pseudonymes que j'ai publiés sont le fruit de mes investigations personnelles et de mes relations parti-

culières avec les journaux et les écrivains; bon nombre m'ont été fournis soit directement, soit par
intermédiaire, de source pure, c'est-à-dire par les
masques eux-mêmes qui m'ont dit leur nom. Je con-
sidère donc cette galerie, sauf ce qui peut être re-
connu du domaine commun, comme ma *propriété
littéraire*, dont la *reproduction totale ou partielle*
ne peut avoir lieu légalement sans mon consente-
ment.

CHARLES JOLIET.

Janvier 1867.

AVERTISSEMENT

DE LA NOUVELLE ÉDITION

La Première édition des *Pseudonymes du Jour* a paru en 1867. Depuis cette époque, j'ai continué de collectionner les Pseudonymes contemporains.

Cette nouvelle Série a été publiée dans *l'Illustration*, en Septembre et Octobre 1882, sous le même titre, *Pseudonymes du Jour,* précédée et suivie des notes suivantes :

« Je prie ceux de mes confrères qui figurent dans cette galerie de me signaler les erreurs inévitables dans des recherches où le contrôle est difficile, pour ne pas dire impossible. Si même ils préfèrent ne pas y figurer, il suffira de m'en donner avis; leur pseudonyme et leur nom seront supprimés dans l'édition en volume. Par contre, il est à prévoir que les omissions seront nombreuses, et toutes les communications qu'on voudra bien m'adresser seront accueillies avec faveur.

« Nous avons reçu quelques demandes de *Rectifications*, dont il sera tenu compte dans l'édition en librairie qui paraîtra chez M. Dentu. »

La classification a été ainsi modifiée, et nous l'avons adoptée pour cette Nouvelle édition :

1° *Pseudonymes historiques.*
2° *Anonymes.*
3° *Dominos féminins.*
4° *Hommes de Lettres.*
5° *Peintres, Dessinateurs et Sculpteurs.*
6° *Compositeurs et Musiciens.*
7° *Comédiens et Comédiennes.*

Les pseudonymes des *Journaux étrangers* et les *Pavillons neutres*[1], indiqués par l'abréviation **P. N.**, ont été fondus dans les autres divisions.

Lors de la publication des premiers *Pseudonymes du Jour*, on nous a demandé pourquoi nous n'avions pas donné une place dans cette galerie aux *Pseudonymes mondains*. La question appelle la réponse. Les noms et les titres d'emprunt ne sont pas des pseudonymes; ils ne peuvent être régulièrement adoptés, reconnus et légalisés qu'en vertu d'un acte de chancellerie, sur délibération du Conseil d'Etat approuvée par un décret. Un nom de guerre, un nom de théâtre, un pseudonyme, en un mot, d'écrivain ou

---

1. Il faut entendre, sous la désignation de *Pavillons neutres*, les pseudonymes qui servent indifféremment à tous les rédacteurs d'un journal, ou qui, adoptés par plusieurs écrivains, sont tombés dans le domaine public. Chaque journal a un pavillon neutre. Le plus usité est le nom du secrétaire de la rédaction dans les journaux politiques.

d'artiste, a une toute autre valeur, et un arrêt de la
Cour de cassation a décidé que : « *Le Nom patrony-*
« *mique constitue une propriété à laquelle nul ne*
« *peut porter atteinte, alors même que le nom n'a*
« *été pris qu'à titre de Pseudonyme.* »

CHARLES JOLIET.

Paris, Janvier 1883.

PSEUDONYMES HISTORIQUES

LES PSEUDONYMES

PSEUDONYMES HISTORIQUES

~~~~~~~~~~

Parmi les Pseudonymes historiques les moins connus, nous en citerons quelques-uns.

Louis XIV, trouvant que la Poste n'était pas très sûre, même pour son service particulier, faisait écrire et signer ses lettres par des mains étrangères, et les Noms de guerre suivants avaient été adoptés pour sa Correspondance avec le Roi d'Espagne.

Monsieur de la Graingaudière. — LOUIS XIV.

La Bonté. — PHILIPPE V.

L'Esprit. — MARIE-LOUISE DE SAVOIE.

La Confidente. — LA PRINCESSE DES URSINS.

Le Sujet à caution. — LE FINANCIER ORRY.

Φιλομάτης (Philomate).

Nom de guerre adopté par le CARDINAL CHIGI, depuis Pape sous le nom d'Alexandre VII.

Philomate de Civarron. — Nom de guerre du comte JOSEPH DE MAISTRE. — *Lettre à Mme Swetchine.*

Schamyl.

Un nom de guerre curieux est celui de *Schamyl*, dont le *Moniteur universel* raconte ainsi l'origine :

« C'était dans les premiers jours de cette longue guerre qu'il a soutenue héroïquement pendant bien des années contre les envahisseurs. Obéissant à ce sentiment qui fait que, dans les circonstances graves de sa vie, l'homme cherche à se rendre Dieu favorable par un sacrifice volontaire, il forma le vœu de substituer au nom de ses pères celui du premier ennemi qui tomberait entre ses mains. Le sort tomba sur un cavalier russe isolé, enlevé dans une reconnaissance. Il se nommait *Schouamyl*, en français *Samuel*, et était israélite. Le cas était grave; mais le chef musulman n'hésita pas à persuader à ses soldats du Caucase que le sacrifice n'en serait que plus méritoire, et il renvoya le prisonnier sain et sauf, en adoptant son nom, dont on a fait *Schamyl*. »

ANONYMES

ANONYMES

Les Horizons prochains, les Horizons célestes et *Voyage dans le Jura,* ouvrages publiés sous l'anonyme, sont de Mme AGÉNOR DE GASPARIN.

Les *Lettres de Verax,* série d'articles publiés dans l'*Étoile belge* et réunis en brochure, sont l'œuvre du DUC D'AUMALE.

Les Souvenirs de voyage, *Une Visite à quelques Champs de bataille de la Vallée du Rhin,* sont l'œuvre du DUC DE CHARTRES.

C'est à tort qu'on a attribué au Prince de Joinville l'article sur la *Bataille de Sadowa,* publié dans la *Revue des Deux-Mondes.* Cette étude a été extraite des papiers de l'AMIRAL PAGE, qui est aussi l'auteur de deux autres études sur les *Batailles de Lissa et de Custozza,* dans le même recueil.

C'est également à tort qu'on a attribué au Duc d'Aumale l'étude militaire de la *Revue des Deux-*

Mondes intitulée : *Les Zouaves et les Chasseurs à pied*, dont l'auteur est le Général Cler.

C'est encore à tort qu'on a attribué au Marquis de Galliffet l'ouvrage intitulé : *Les Bivouacs de Vera-Cruz à Mexico*. L'auteur est M. J. Lafont, Capitaine-trésorier du 36ᵉ de ligne, et son livre a été patronné par le Marquis de Galliffet.

La brochure politique, *Il Papa e l'Italia*, publiée à Rome en 1881, est attribuée à Léon XIII. Nous ne sommes pas en mesure d'affirmer qu'elle est l'œuvre personnelle du Souverain-Pontife, mais il en a revu et corrigé les épreuves.

Monsignor Chaillot a écrit sous l'anonyme de nombreux articles dans le journal *Le Télégraphe*, dont il fut le propriétaire. *Monsignor* est bien son titre et *Chaillot* est bien son nom. La Congrégation de l'Index a condamné et proscrit son livre : *Pie VII et les Jésuites*, et le même décret notifiait que l'auteur avait réprouvé cette œuvre.

M. Théodore de Banville est l'auteur de *La Comédie française iugée par un Témoin de ses fautes*.

M. Louis Lacour est l'annotateur et le commentateur du volume de Sébastien Mercier : *Paris pendant la Révolution*.

Mᵐᵉ Blaze de Bury est l'auteur du roman : *Les Figures de cire*.

La brochure politique : *Qui a fait la France ?* est de M. GARNIER, rédacteur de la *Gazette de France*.

Le journal arabe illustré, l'*Abou-Nadaira*, en français, le *Père aux Lunettes*, s'imprimait à Paris, dans une lithographie de la rue Joquelet. Ce pamphlet, que lisaient les officiers et les soldats égyptiens d'Arabi, avait pour unique rédacteur un Européen, JAMES GANNA, professeur de langues étrangères et de clarinette.

On lit dans le *Figaro*, 10 octobre 1882 :

Toute la presse militaire cherche le nom du correspondant de la *Gazette de Cologne*, qui a fait un tableau peu flatteur de notre armée après les grandes manœuvres. Nos collègues ont accusé celui-ci, puis celui-là de ce crime de lèse-militarisme. Nous les avertissons charitablement qu'ils ne sont pas sur la bonne piste. La *Gazette de Cologne* compte en France deux correspondants, M. KRAMER, surnommé le *Père éternel*, à cause de sa tête de Jéhovah, et M. VON HUHN, encore lieutenant de dragons prussiens.

C'est ce dernier qui est l'auteur des lettres si remarquées et si peu remarquables qui ont ému tous les organes de publicité français.

DOMINOS FÉMININS

DOMINOS FÉMININS

A

Camille d'Alb. — Mme CONSTANCE DE DUNKA.

P. Albane. — Mme E. Caro, née PAULINE CASSIN.

Dans la première édition, nous avions attribué ce pseudonyme à Mme PISCATORY, fille du général Foy. Aujourd'hui que les romans de *P. Albane* sont publiés sous le nom de leur auteur, on verra, dans les notes suivantes, le mystère qui entoura leur naissance.

La troisième édition du *Péché de Madeleine* porte en tête une courte préface signée des initiales F. B....

Ces quarante lignes de M. François Buloz, directeur de la *Revue*, méritent d'être reproduites *in extenso* à cette place, d'abord parce qu'elles sont curieuses et pleines d'enseignements, ensuite parce que c'est, je crois, le premier article de M. Buloz, *littérateur français*, comme dit M. Vapereau dans son *Almanach-Bottin* des grands hommes :

Dans les premiers jours de 1864, un manuscrit fut déposé par une main inconnue aux bureaux de la *Revue des*

Deux-Mondes, avec ces simples lignes, écrites sur la feuille qui l'enveloppait :

« Prière instante à M. B..., si le roman ci-joint ne peut convenir à la *Revue des Deux-Mondes*, de vouloir bien le faire savoir à l'auteur par un mot jeté à la *poste restante* avec cette adresse : M. P. ALBANE. On fera, dans ce cas, reprendre le manuscrit aux bureaux de la *Revue.* »

C'était tout. La forme de l'envoi était assez inusitée. M. B... lut le manuscrit et répondit à l'adresse indiquée que le *Péché de Madeleine*, après quelques légères modifications, pourrait paraître avec succès dans la *Revue.* Plus d'un mois se passa, et l'auteur n'avait ni écrit ni même retiré la lettre mise à la poste restante. Le directeur de la *Revue* se décida dès lors à livrer le manuscrit de ce petit roman à l'impression et à en revoir lui-même les épreuves. *Le Péché de Madeleine* fut publié dans la *Revue des Deux-Mondes* du 15 mars 1864, et fut accueilli avec un vif intérêt. On voulait connaître le nom de l'auteur, et la paternité du roman fut attribuée à plus d'une personne du monde. Nous ne savons que penser de tous les bruits qui coururent alors; cependant nous avons lieu de les croire mal fondés. L'auteur a gardé son secret, et nous ignorons encore son nom, bien qu'il ait cru devoir, avec beaucoup de grâce, reconnaître l'hospitalité qu'il avait reçue :

« Je veux vous remercier, monsieur, bien que tardivement, je l'avoue, de l'honneur que vous avez fait au *Péché de Madeleine*, en lui donnant place dans la *Revue des Deux-Mondes.* C'est un succès que je n'osais espérer, tout en le sollicitant, et dont je vous sais un gré infini. »

Un romancier dont les procédés sont marqués de tant de réserve et de délicatesse, un auteur qui a eu le courage de soustraire son nom aux applaudissements et à la curiosité, c'est chose assez rare pour que nous cherchions à continuer et à étendre son succès. Aussi cédons-nous volontiers au désir que nous a témoigné M. Michel Lévy de réimprimer *le Péché de Madeleine.* Qui sait si cette réimpression n'encouragera pas l'auteur anonyme à donner des frères au premier-né de sa plume? Nous pardonnerat-on d'ajouter à l'adresse des jeunes écrivains que l'auteur inconnu (une femme sans doute) est arrivé sans difficulté à la *Revue des Deux-Mondes?* Il est vrai que ni le talent, ni l'émotion ne manquent au *Péché de Madeleine.*

F. B...

En même temps, la note suivante paraissait dans les journaux :

La librairie Michel Lévy frères vient de publier *Flamen,* un nouveau roman de l'auteur *inconnu* auquel on doit *Le Péché de Madeleine,* dont la publication a excité tant d'intérêt et de curiosité. Le mystérieux écrivain n'a pas encore voulu se révéler au public. Aussi les suppositions les plus diverses ont-elles été mises en avant; mais ce qui ne fait doute pour personne, c'est que *Flamen* et *Le Péché de Madeleine* sont des œuvres extrêmement distinguées.

A la suite de cette note, les grandes et petites puissances de la confédération littéraire exprimèrent l'avis que l'auteur de ces deux romans était *Mme de Bernis.* C'est alors que, pour la seconde fois, dans une lettre insérée au *Figaro,* je remis dans la balance le nom de Mme Piscatory. D'un autre côté, M. Buloz, par l'intermédiaire des éditeurs, fit publier la note rectificative suivante :

M. Buloz connaît personnellement l'auteur du *Péché de Madeleine* et de *Flamen.* Il a en mains, à la disposition de

qui voudra les voir, les deux manuscrits de ces deux
romans, d'une écriture identique et conforme aux lettres
qu'il reçoit souvent de l'auteur. Et ce que M. Buloz peut
affirmer, c'est que l'auteur de ces deux romans n'est pas
Mme de Bernis, qu'il n'a jamais eu l'occasion de voir.

J'eus l'occasion de rencontrer M. Michel Lévy, qui
voulut bien me communiquer plusieurs lettres d'af-
faires relatives aux droits d'auteur, l'une, écrite
d'abord au crayon et ensuite repassée à l'encre pour
dissimuler l'écriture, était signée *P. Albane*, comme
le manuscrit déposé à la *Revue.* Les autres étaient
signées *Girard*, à Toulon, et *Cassin*, à Vaugirard,
mandataires pour toucher les droits. M. Michel Lévy
m'affirma qu'il ne connaissait pas le nom de l'auteur du *Péché de Madeleine* et de *Flamen.*

Enfin, M. Buloz ne démentit pas l'affirmation émise
par le *Figaro.*

Vicomte d'Albens. — Camille Bernard. — Baron Stock. — Mme DE RUTE.

Marie Studolmine, fille de sir *Thomas Wyse*, décédé ministre d'Angleterre à Athènes, et de *Lœtizia Bonaparte*,
fille de *Lucien Bonaparte*, épousa, en décembre 1848, le
comte *Frédéric de Solms*, et se remaria, en février 1863,
avec M. *Urbain Rattazzi*, ministre d'Italie.

André Léo. — Mme CHAMPSEIX.

Nous détachons du *Dictionnaire des Contempo-
raines* les lignes suivantes de Tony Revillon :

André Léo. — *André* est le nom d'un enfant, *Léo*, celui
d'un autre. C'est une mère de famille qui signe ses livres

du nom de ses deux fils. Son nom est *Champseix*. Elle est veuve. Son mari, une notabilité du parti démocratique, a longtemps habité Limoges, puis il a vécu dans l'exil; il est revenu mourir à Paris. Mme Champseix mène la vie retirée et régulière de province; elle est fière, un peu sauvage; elle passe ses journées à travailler, ne voit que quelques anciens amis de son mari, et redoute toute autre publicité que celle de ses œuvres.

✗ Ange Bénigne. — Pascaline. — Satin. — Mme la Comtesse PAUL DE MOLÈNES. — *Vie Parisienne.*

Anna-Marie. — Mme la Comtesse D'HAUTEFEUILLE.

Antoinette. — Mlle DUBOIS D'YERRES. — *Presse.*

Étienne Arbois. — Mme STÉPHANIE FRAISSINET.

Aymé Cécil. — Mme ADRIENNE DEPUICHAULT.

B

Comtesse de Bassanville. — Mme ANAIS LEBRUN.

Th. Bentzon. — Mme BLANC. — Romans.

Marie de Besneray. — Mme MARIE BERTRE.

Thérèse de Blaru. — Mme LÉONIE D'AULNET.

E. de Boden. — Mme Désirée Lartigue.

Henriette Browne. — Mme De Saux.

Claire Brunne. — Mme Marbouty, née Pétiniaud de Lacoste.

C

Fernand Caballero. — Mme Cécile Bolh.

Camille-Henry. — Mme Della Rocca.

René de Camors. — Mme Clémence Altemer.

Claire de Chandeneux. — Mme Emma Bailly.

Chut. — Zut. — Mme la comtesse De Mirabeau. — *Vie Parisienne.*

Pierre Cœur. — Mme De Voisins.

Colombine.

Le secret a été gardé.

J'ai eu l'occasion de voir la *copie* de *Colombine* à l'impri-merie ; mais j'ai plusieurs motifs de croire, malgré ses jambages féminins sur papier rose, qu'elle n'est pas de l'écriture de l'auteur des *Lettres* publiées dans *le Figaro.* Quand on veut rester inconnu, on ne met pas un autographe dans la circulation. C'est élémentaire.

A défaut du nom, ou des noms, caché sous son masque
il nous reste le vaste champ des hypothèses. On a mis
plusieurs noms en avant; moi-même j'ai autrefois attribué
ces lettres à une femme, mais je renonce à cette suppo-
sition.

Tout bien pesé, voici mon opinion personnelle et mon
sentiment particulier : Toutes les lettres ne sont pas de la
même valeur. Si elles ont été écrites sous l'inspiration
d'une femme, elles ont été retouchées par un homme. Les
femmes n'ont pas le sentiment de l'antiquité; il y a, dans
les *Lettres de Colombine,* des morceaux qui annoncent des
études classiques, des portraits qui dénotent, par la net-
teté des contours, une touche virile.

Toutefois, une femme y a mis la main, on peut l'affirmer
avec certitude. Ces lettres contiennent, à l'endroit des
femmes, des méchancetés particulières qu'un homme ne
trouverait pas au fond de son encrier, fût-il rempli de
fiel. Ces flèches sont empoisonnées, ces flèches sont lan-
cées par une main féminine. Il n'y a qu'une femme qui
sache frapper juste au défaut de la cuirasse de son sexe.
Là où il y a un mur d'airain pour nous, il y a une toile
d'araignée pour elles. Ce que l'étude, le raisonnement et
l'observation nous démontrent, elles le devinent par instinct du premier coup. Les femmes seules pénètrent les
femmes; c'est un instrument dont elles savent faire vibrer
les cordes douloureuses; nous ne savons que les briser.
Marivaux, qui les connaissait, disait : « *Le style a un
sexe.* » Christine de Suède a laissé cet aphorisme : « *L'art
de se venger est peu connu.* » Diderot dit, dans ses admira-
bles et profondes pensées sur les *Femmes,* qu'elles sont
toutes des sauvages et que rien ne peut corrompre en elles
l'instinct de nature; pour lui, elles ne sont pas des êtres
de raison. Elles sont toutes comme la femme de l'Apoca-
lypse, sur le front de laquelle était écrit ce mot : MYSTÈRE.

Et pourtant, Diderot avait été sifflé dans leur volière.

Et maintenant, sortant du domaine vague des hypo-thèses générales, je conclus :

Toutes les *Lettres de Colombine* ont été recopiées par la même main. Il est probable qu'elles remontent à plusieurs sources. Dans une question aussi délicate, je dois m'ar-rêter sur la limite de l'affirmation. On les attribue, pour la meilleure part, à *M. Arthur de Boissieu*, rédacteur de *la Gazette de France*.

Nous n'avons rien à changer à cette page de la première édition.

D

La Dame de Trèfle. — Mme DE SAINT-AMEY. — *Artiste.*

Daniel Darc. — Mme RÉGNIER.

Comtesse Dash. — Henri Desroches. — Jacques Reynaud. — Mme DE SAINT-MARS, née COURTEYRAS.

Henri Desroches, Courrier de Paris au *Constitutionnel*, *Jacques Reynaud*, série de Portraits au *Figaro*.

Desault. — Mme DE CHARNACÉ. — *Temps.*

Paul Dubourg. — Mme ADAM BOISGONTHIER.

E

P. N. — Ego. — Mlle VALTESSE DE LA BIGNE.

Isola, roman.

Epmylo. — Mme OLYMPE AUDOUARD. — Anagramme.

Étincelle. — Vicomte de Létorières. — Mme DE PEY-RONNI.

F

Finette. — Mlle DURWANT.

Les *Mémoires d'une Danseuse*.

Isabelle France. — Mlle MARCELLE FERRY.

G

Genevray. — Mme ADÈLE JANVIER, veuve du député. — Romans.

Louis Gérald. — Mlle MATHILDE GIRAUD.

André Gérard. — Mlle VALENTINE HERMENT.

Philippe Gerfaut. — Mme DARDENNE DE LA GRANGERIE.

Romans. — *Pensées d'automne.*

Albéric de Gorge. — Mme LOUISE BELLY.

Poésies : *Les Violettes.*

Henry Gréville. — Mme A. DURAND, née FLEURY.

Gyp. — Scamp. — Mme la Comtesse DE MARTEL. — *Vie parisienne.*

H

Daniel Hadson. — Mme MICHEL MASSON.

Had est la première syllabe de son nom : HADINGUE; *Son* est la seconde syllabe du nom de son mari.

Gustave Haller. — Valérie. — Mme GUSTAVE FOULD, née SIMONIN.

Valérie est son nom de théâtre à la Comédie-Française, *Gustave Haller* son pseudonyme littéraire.

Leïla Hanoum. — Mme ADRIENNE PIAZZI.

Jules d'Herbauges. — Mlle DE SAINT-AIGNAN. — *Revue des Deux-Mondes.*

I

P. N. — Un Inconnu. — Mme Guyot-Desfontaines. *Monsieur X et Madame Trois-Étoiles.*

Dora d'Istria. — Princesse Koltzoff Massalsky, née Hélène Ghika.

La célèbre voyageuse a écrit dans la *Revue des Deux-Mondès*, et fait partie de la Société géographique de France.

J

Marguerite Joubriot. — Mlle Julia Friou.

L

Horace de Lagardie. — Mme de Peyronnet.

Olivier Lavoisy. — Olivier. — Mme Juliette Cuvillier-Fleury, née Bouton.

Mme Juliette Cuvillier-Fleury a écrit sous son nom et sous ce pseudonyme, dans la *Révolution littéraire* et la *Gazette rose*, des Nouvelles, des Contes, la Critique dramatique et le Salon. Sous le pseudonyme d'*Olivier*, elle a fait plusieurs tentatives au théâtre.

Camille Lebrun. — Mme PAULINE GUYOT.

Henry Lucenay. — Mlle MARIE-LÉONIE DEVOIR.

Fernande de Lysle. — Mme GENEVIÈVE-AIMÉE DELISLE.

M

Étienne Marcel. — Mme CAROLINE THUEZ.

Marcello. — Mme la Duchesse COLONNA.

M. Maryan. — Mme MARIE DESCHARD.

Mie d'Aghonne. — Mme LOUISE LACROIX...

Mie est son nom de jeune fille, *d'Aghonne* est le nom d'une propriété de sa grand'mère.

Paule Minck. — Mme BOYANOWICH, née MÉKARSKI.

Le père de Mme Paule Minck était un réfugié polonais, et elle est née à Clermont-Ferrand.

Élisa de Mirbel. — Mme la Baronne DECAZES.

A fondé, en 1849, une Revue intitulée : *La Révolution littéraire*, et a publié des romans à la *Revue des Deux-Mondes*, sous le pseudonyme d'*Élisa de Mirbel*.

Jeanne de Moncel. — Mme Mouet. — Courrier de Paris de *La Liberté*.

Mosca. — Brada. — Mme la Comtesse de Puliga. — *Vie parisienne. Illustration.*

Myriem. — Mme la Marquise d'Osmond. — *Gaulois. Evénement. Bien public.* Chroniques.

N

Marcel Nairod. — Mme Dorian. — (Anagramme renversée.)

Raoul de Navery. — Mme Marie David.

Raoul de Navery est née près de Mi-Voie, où se dresse la colonne des Trente. Elle fut élevée au couvent. Restée libre à l'âge de dix-neuf ans, après une union qui dura deux années, elle commença dès lors à se livrer à son goût pour l'étude. Après avoir voyagé en Allemagne, Espagne, Italie, Russie et Danemark, elle passa encore deux ans au couvent, puis revint à Paris, où elle publia deux volumes signés *Marie David : La Crèche et la Croix, Souvenirs du pensionnat*, qui furent son début dans la littérature. Dès lors elle signa ses nombreux ouvrages *Raoul de Navery*. Elle emprunta ce prénom de Raoul à son grand-père maternel, avocat au Parlement de Bretagne, puis au Parlement de Paris, le vicomte des Essarts.

Elle a signé des articles du pseudonyme de **Louis Manuel,** et a publié plusieurs romans sous l'anonyme.

Pierre Ninous. — Mme LA PEYRÈRE.

Eiluj Nixarpa. — Mme la Comtesse JULIE BATTHYANI-APRAXIN. — (Anagramme renversée.)

Manuel de Notine. — Mme DE GRANDFORT.

Nyl. — Mme LUNEAU. — *Vie parisienne.*

O

Marquise d'Ormsay. — Mme la Marquise DE MANNOURY.

Comtesse d'Orr. — Mme COUSIN.

Courriers de modes et d'art.

P

Cora Pearl. — Mlle EMMA CRUCH.

Camille Périer. — Mme BENTEJA.

R

Rachilde. — Mlle MARGUERITE EYMERY.

Vicomtesse de Renneville. — Mme PAUL DE LASCAUX.

Jacques Rozier. — Mme JULES PATON, née ÉMILIE-EUPHÉMIE-THÉRÈSE PACINI.

S

George Sand.

Le premier roman de *George Sand*, *Rose et Blanche*, a été écrit en collaboration avec *Jules Sandeau*. Henri Delatouche, leur ami, consulté par les deux jeunes débutants sur le choix d'un pseudonyme, leur proposa : *Jules Sand*, qui fut adopté. Depuis, l'illustre femme, que Henri Heine appelait le premier écrivain en prose de son temps, prit cette première syllabe du nom de Sandeau, y ajouta le prénom de *George*, et le grava sur la carte de visite qu'elle laissera à la postérité.

On remarque, sur la couverture de la *Revue des Deux-Mondes*, que le titre de ses romans est suivi de ces mots : par M. GEORGE SAND, et non Mme.

Blaise Bonnin. — Il a paru anciennement, sous le

titre de : *Les Paroles de Blaise Bonnin*, six brochures, ou plutôt six numéros d'une publication anonyme sans périodicité fixe dont George Sand est l'auteur. Elle a encore signé *Blaise Bonnin* un *Feuilleton populaire* dans *La Vraie République* de Thoré, en 1848, et, dans la *Revue indépendante* (1848), un article sur les *Publications populaires*.

Claire Senart. — Mᵐᵉ LOUIS FIGUIER.

Smock. — Mᵐᵉ CAMILLE SELDEN. — *Vie parisienne.*

Jean de Sologne. — Mᵐᵉ LEFÈVRE-DEUMIER.

René Sosta. — Mᵐᵉ ANNA ROSENQUEST. — *Contemporain.*

Daniel Stern [1]. — Mᵐᵉ la Comtesse d'AGOULT.

On ne lira pas sans intérêt la courte notice suivante, qui nous est communiquée par M. Marie de Saint-Germain :

« Le nom de *Daniel Stern* est connu de tous ceux qui s'occupent d'œuvres littéraires. Nul n'ignore qu'il couvre l'un des noms illustres dans les fastes nobiliaires de la France ; Daniel Stern s'appelle *comtesse d'Agoult*, née *Marie de Flavigny*.

« La Révolution poussa la famille de Flavigny vers l'exil. C'était alors un moyen d'éviter l'échafaud, dont le fatal couperet pourrait écarteler les armes de tant de familles aristocratiques. Née à Aix-la-Chapelle en 1817, elle rentra

---

1. Le pseudonyme musical *Daniel Stern* est un Pavillon neutre.

à Paris pour terminer ses études au Sacré-Cœur. A vingt ans', Marie sortait du couvent pour épouser le comte d'Agoult, dont la famille tient le premier rang en Provence. La jeune comtesse avait trouvé dans sa corbeille de noces un titre de dame d'honneur à la cour.

« Orgueilleuse de son intelligence beaucoup plus que de ses parchemins, elle renonça à ce privilége, et se créa une cour à elle dans son charmant palais de l'avenue de l'Impératrice, renversé il y a quelques années par les démolitions. La noble dame aspirait à la démocratie oligarchique de l'intelligence. Son salon devint *la Jeune Académie.* C'est chez elle que Ponsard fit la première lecture de *Lucrèce.* C'est chez elle que, vingt ans après, un exilé d'un grand talent trouvait un refuge et, plus tard, le moyen de se rendre à Jersey.

« Daniel Stern a écrit des romans, des nouvelles, des œuvres philosophiques, des études historiques, des pièces de théâtre. *Nélida, la Boîte aux lettres,* les *Lettres républicaines,* écrites en 1848 et 1849 au fort de la lutte, les *Maximes et Pensées,* qui accusent un esprit virilement trempé, l'*Histoire de la République de* 1848, l'*Histoire de Hollande, Jeanne d'Arc,* drame en cinq actes, forment le bagage d'un écrivain qui n'est que célèbre parce que George Sand s'est réservé la qualification d'illustre. »

Mary Summer. — Mme FOUCAUX.

Romans. — *Estafette. Patrie.* Chroniques.

André Surville. — Mme MARIE CORTET.

Suzanne. — Mlle AUGUSTINE BROHAN.

Mlle *Augustine Brohan* a écrit au *Figaro* des Courriers de Paris sous le pseudonyme de *Suzanne,* personnage du

Mariage de Figaro, qui était un de ses rôles de prédilection. Dans un de ces Courriers, elle laissa tomber quelques épigrammes sur Victor Hugo. Alexandre Dumas, par une lettre publiée dans le *Monte-Cristo,* déclara retirer du répertoire de la Comédie-Française toutes ses pièces où Mlle *Augustine Brohan* avait un rôle.

Carmen Sylva. — La Reine ELISABETH DE ROUMANIE, née Princesse WIED NEUWIED.

Auteur de *Une Prière,* roman, de *Poésies,* et d'un recueil d'Observations et de Maximes : *Pensées d'une Reine.*

« La Reine Élisabeth, dit Louis Ulbach, est une « mé- « ditative »; elle habite avec le roi Charles, son mari, dans un vallon supérieur des Carpathes, en vue des neiges éternelles, à l'ombre des grandes forêts, au bord des belles eaux, un ancien monastère aménagé pour le couple royal. Ordinairement, elle porte le vieux costume national roumain, ce qui donne à sa beauté élégante un relief piquant et nouveau. Naturellement, ses dames d'honneur, obligées de le porter comme elle, en enragent. On ne se figure pas quelle nostalgie du chapeau parisien elles cachent sous le voile brodé dont les plis retombent sur ces robes orientales.

« La Reine Élisabeth a été élue (1882) membre de l'Académie des Sciences de Bucharest, et son Discours de reception est écrit en langue roumaine. »

Voici quelques pensées choisies de *Carmen Sylva:*

Méfiez-vous d'un homme qui a l'air de douter de votre bonheur en ménage.

En se donnant, la femme croit avoir donné un monde, et l'homme croit avoir reçu un jouet; la femme croit avoir donné une éternité, et l'homme croit avoir accepté le plaisir du moment.

Les femmes combattent surtout, dans leurs enfants, les défauts de leur mari.

La femme du monde reste difficilement la femme de son mari.

Il n'y a qu'un bonheur : le devoir. Il n'y a qu'une consolation : le travail. Il n'y a qu'une jouissance : le beau.

La vie est un art dans lequel on reste trop souvent dilettante. Pour passer maître, il faut verser le sang de son cœur.

Il est plus essentiel pour le poète *d'être vrai de sentiment que d'invention.*

Les princes sont élevés à vivre avec tout le monde; on devrait bien élever tout le monde comme les princes.

T

Tasma. — Mme JESSIE FRASER.

Romancier d'origine anglaise. Ce pseudonyme vient de la Tasmanie.

Un Témoin de sa vie. —Un *Témoin de sa vie* (Victor Hugo raconté par). — Mme VICTOR HUGO.

Mme Victor Hugo a signé des articles à *l'Événement* de 1848 de son nom de jeune fille, *Marie Foucher.*

Joséphine Turck. — Mme JOSÉPHINE DE BELLOC.

V

Georges du Vallon. — Mlle AMÉLIE DE BRAUER.

Max Valrey. — Mme MILLER.

Les Filles sans dot, roman.

Claude Vignon. — Mme CONSTANT, née NOÉMIE CADIOT, aujourd'hui Mme ROUVIER.

Quelques mois après l'annulation de son premier mariage, en vertu d'un décret impérial motivé sur délibération du Conseil d'État, le pseudonyme de *Claude Vignon* a été transformé en nom patronymique, puis ce nom est redevenu pseudonymique par le fait de son second mariage.

Mme Claude Vignon a débuté comme écrivain en 1851 dans le *Moniteur du Soir* et l'*Assemblée nationale*. Une étude sur les Alchimistes intitulée : *Les Chercheurs a'or au moyen âge*, est signée des initiales C. V. Comme statuaire, Claude Vignon a débuté au Salon de 1852 par une statue de *Bacchus enfant*, qui est au Musée de Caen.

Jacques Vincent. — Mme DUSSAUD.

Violetta. — Mlle DE LAINCEL. — *Événement.*

W

Judith Walter. — Mme CATULLE MENDÈS, fille de Théophile Gautier.

Wanda de Dunajow. — Mme SACHER MAZOCH.
Les Femmes à fourrures, roman.

Z

Aurelius Zampa. — Mlle SOPHIE REQUIN.
Légendes provençales.

LES HOMMES DE LETTRES

LES HOMMES DE LETTRES

~~~~~~~~~~~

A

Abnot. — Robert Burat[1]. — Olivier de Jalin[2]. — Arnold Lacretie (Anagramme). — Perdican[3]. — William. — JULES CLARETIE.

Jules-Armand Claretie est né à Limoges, le 3 décembre 1840. A peine au sortir de l'enfance, il regardait planter, en 1848, des peupliers qu'il ne vit pas fleurir. A l'âge où on joue aux billes, il fréquentait les clubs de sa ville natale et écoutait les tribuns, ce qui lui donna le

---

1. Nom du héros de son roman : *Un Assassin,* publié ensuite sous le titre de *Robert Burat.*

2. Ce pseudonyme a été pris pour la première fois par Charles Yriarte.

3. Je suis autorisé à déclarer que le Courrier de Paris de *l'Illustration*, signé *Perdican,* ne doit pas être uniquement attribué à Jules Claretie.

goût des conférences. Le maître de sa pension se nommait Féval, ce qui lui donna le goût des romans.

A onze ans, il arrive à Paris et suit les cours du collège
Bonaparte. Destiné d'abord à l'Ecole polytechnique, puis au
barreau, le jeune Jules, qui n'était pas *pronus, propensus,
proclivis* aux mathématiques, envoya de la copie aux *Cinq
centimes illustrés* sous le pseudonyme d'*Arnold Lacretie.*
On le retrouve plus loin dans une maison de commerce et,
du même coup, à la *Silhouette,* au *Gaulois* et au *Diogène.*

Sur ces entrefaites, Dentu avait annoncé un roman intitulé : *Une Drôlesse,* de Mme la comtesse Dash, qui lui
envoya en échange le roman : *Une Femme libre.* Il proposa
le titre primitif au jeune journaliste, qui l'*abattit* en quinze
jours. Bien que Jules Claretie ne renie pas ses enfants, il
paraît disposé à déshériter celui-là. D'une enjambée, il
passe chroniqueur à la *France,* sous le pseudonyme d'*Olivier de Jalin,* puis à *la Patrie,* à *l'Artiste,* au *Nain Jaune,*
au *Figaro,* à la *Revue fantaisiste,* à la *Revue ·française,* au
Boulevard, à *la Presse,* à *la Vie parisienne,* à *l'Illustration,*
à *l'Événement,* à *l'Avenir national* et à nombre d'autres
journaux.

A travers ces collaborations absorbantes et multipliées,
il publiait des livres : *Pierrille,* Histoire de village, — *les
Ornières de la vie,* — *les Victimes de Paris,* — *Élisa Mer-
cœur, Georges Farcy, Alphonse Rabbe,* études sur quelques
contemporains oubliés, — *Petrus Borel,* dans la *Bibliothèque originale,* et les *Voyages d'un Parisien.* Son dernier
ouvrage, L'ASSASSIN, est très supérieur aux précédents.
On y trouve les deux éléments du roman moderne, le mou-
vement et l'analyse. Là est sa voie. Jules Claretie prépare
un livre sur *Camille Desmoulins.* Vient de paraître : *Made-
moiselle Cachemire.*

La critique s'est déjà souvent exercée sur cette personnalité juvénile, sans lui donner le temps d'avoir présenté

au public une œuvre d'haleine. Ses derniers romans ont
justifié les espérances de ses amis. Jules Claretie sera-t-il
un journaliste, un romancier ou un auteur dramatique?
Ceux qui connaissent cette infatigable et souple organisa-
tion pensent qu'il sera peut-être les trois choses à la fois.
Il arrive pourtant que les événements disposent de certaines destinées littéraires. Mêlé très jeune, trop jeune,
aux hommes et aux choses de la vie parisienne, sa nature
fine, impressionnable et capricieuse a subi les courants et
les milieux où elle était appelée à se développer. Enfant
gâté par les succès de tous les jours, étonné d'abord de
l'influence réelle qu'acquièrent tous ceux qui disposent de
la publicité des journaux, il se laissait entraîner par ces
émotions sans cesse renaissantes. Peut-être échappera-t-il
au journalisme, qui ne lâche guère de proies, par la bizar-
rerie même de son tempérament, où l'enthousiasme de sa
nature très vive s'allie au scepticisme de son expérience
prématurée. Comme tous ceux qui ont beaucoup étudié
dans les livres et dans la vie, il est toujours à la recherche
de quelque chose nouvelle ou curieuse. A pareille nature
il faut l'activité fiévreuse, un perpétuel changement de
décor, des émotions souvent renouvelées. L'inconnu,
l'étrange est son élément; l'effort et le combat, sa vie;
jamais de repos. Viendra cependant une heure de lassi-
tude, de fatigue, une heure de halte forcée. Jetant alors
les yeux en arrière, il se demandera combien de pages
légères se sont déjà envolées au vent dans le chemin par-
couru.

A cette Notice, qui date de 1866, nous n'ajouterons
qu'un mot : Jules Claretie est resté journaliste, romancier et auteur dramatique; il est même resté
jeune. C'est l'*Encrier de Jouvence*.

Addison. — ALPHONSE DUCHESNE.

Raoul d'Agnicourt. — Dupuis et Cotonet fils. — Jean d'Estoc.— F. Musany (Anagramme).— M. C. MANSUY.

Albert-Marie. — MARIE-LÉOPOLD-ALBERT FERMÉ.

Alberty. — BERTIE MARRIOT. — *Voltaire.*

Aldino Aldini. — Ralph, etc. — ACHILLE DE LAUZIÈRES, marquis DE THÉMINES.

Il a longtemps écrit des articles d'Art musical, signés *Aldino Aldini*, pseudonyme qu'il avait pris en Italie, où il a publié des romans et des études littéraires. Plus tard il collabora au *Courrier franco-italien*, où il signa *Ralph*. Maintenant il signe *M. de Thémines* les articles sur les Beaux-Arts, et *A. de Lauzières* les articles politiques qu'il publie dans *la Patrie*. Nous omettons d'autres pseudonymes encore qu'il a pris dans différents recueils littéraires.

Jean Alesson. — J. N. — Maxime Thommery. — ANATOLE-JEAN-BAPTISTE ALÈS.

Harry Alis. — JULES-HIPPOLYTE PERCHER.

Allan Kardec. — RIVAIL.

Révélation d'une Table tournante sur l'ancien directeur d'institution, devenu chef de l'Ecole Spirite.

Aloysius. — Gérard de Nerval. — GEORGES LABRUNIE.

Alpha. — PHILIBERT AUDEBRAND.

Hier, *M. Philibert Audebrand* s'est battu en duel avec

M. de l'Isle-Adam. Les témoins de Philibert Audebrand étaient *MM. Bogdanoff* et *Henri Plassan;* ceux de son adversaire, *MM. Michael* et *Alpha.* Le docteur *Maxime Parr* assistait au combat. L'arrivée d'une escouade de trente autres pseudonymes de Philibert Audebrand arrêta l'effusion du sang.

Alter. — LORÉDAN LARCHEY. — *Monde illustré.*

L. C. D'Ambrosys. — LOUIS COLLAS.

Amicus. — CLÉMENT DUVERNOIS. — *France.*

André. — JULES LECOMTE.

Antonio. — **Paul Dyas.** — CHARLES BATAILLE.

Albéric d'Antully. — ALBÉRIC CLERGIER.

Pierre d'Arche. — THÉODORE DE LAJARTE.
D'Arche est le nom de sa mère.

Jean D'Ardenne. — LÉON DOMMARTIN. — *Paris-Journal.*

Argus. — DIGNÉ. — *Figaro.*

Gaston d'Argy. — CH. DÈCLE.

Valentin d'Armentières. — ADRIEN MARX.

Lucien Arnoult. — **Loksley.** — PROSPER VIALON.

Aswell. — **Max.** -- JULES VALLÈS. —

Athos. — CHARLES DIGUET. — *D'Artagnan*, Journal d'Alexandre Dumas.

M. Aubertin. — ALEXANDRE POTHEY. — *Voltaire*.

Victor Augerol. — ALTAROCHE.

Aulètes. — CHARLES WIDOR. — *Estafette*. Critique musicale.

Alfred d'Aunay.— DESCUDIER.

Victor d'Auverney. — VICTOR HUGO.

Les billets de théâtre que *Victor Hugo* donnait à ses amis, au temps où ses premières représentations ressemblaient à des batailles, étaient signés par lui : *Hierro*, mot espagnol qui signifie *fer*.

Dans un ancien recueil de 1819, *le Conservateur littéraire*, *Victor Hugo* signait *Victor-Marie Hugo* des satires, des fables, des traductions de Lucain. Il faisait des comptes rendus de vaudevilles et autres de MM. Bouilly, Pain, etc. Son frère, Eugène Hugo (E. Hugo) y a donné quelques traductions d'Horace.

Quand *Victor Hugo* ne signait pas de son nom, il prenait le pseudonyme de *Victor d'Auverney*, qui est le nom du jeune premier, lieutenant de dragons, dans *Bug Jargal*. Sous ce pseudonyme il a publié une fable : *l'Avarice et l'Envie*, réimprimée dans *Victor Hugo raconté par un Témoin de sa vie.*

Il s'écrie, dans une satire intitulée : *L'Adelphe :*

> O Molière, ô *Boileau*, pourquoi, *nobles esprits*,
> Nous léguer des lauriers *que nous avons flétris!*

A. d'Auvray. — Henri de Lanoye. — *National.*
— *France.*

C. d'Auzay — A. Ranc.

D'Avezac. — Henry d'Audigier. — *Nord.*

Les articles *High-Life*, au *Nord*, Nouvelles de la cour,
du monde et du théâtre, ont été inaugurés sous le pseudonyme de *d'Avezac*. M. de Girardin écrivit à ce *high-lifeur*,
et ne fut pas médiocrement surpris de voir entrer dans
son cabinet le chroniqueur de *la Patrie*, M. *Henry d'Audigier*. Sur les propositions d'Émile de Girardin, il aban-
donna sa position au *Nord* pour entrer à la rédaction de
la Presse, où, trois mois plus tard, il reçut son congé, sans
explications ni motifs.

Azed. — **Pictor.** — **Timon.** — Edmond Texier et
Camille Lesenne. — *Voltaire.*

Pierre Azimon. — **John Sportfeel.** — Hippolyte Philibert.

B

Max B. — Max Buchon[1].

---

1. Voir Courbet.

Bachaumont. — Brummel. — La Princesse. — Gérard.

Balthasar. — AURÉLIEN SCHOLL.

Lorsque Aurélien Scholl fonda *le Nain Jaune* (1863), on y inséra de nombreux articles signés de noms des personnages de ses livres et de *la Comédie humaine* de Balzac. Presque tous sont des *Pavillons neutres*. Parmi les séries théâtrales signées L'INCONNU, on reconnaîtrait facilement sous le masque les visages connus de *Théodore de Banville, Alphonse Royer, Jules Prével, Paul Mahalin*, etc., etc.

Gustave Baret. — GUSTAVE LAFARGUE. — *Constitutionnel*. — Courrier des Théâtres.

P. N. — Baron Grimm.

Ce pseudonyme a été adopté par de nombreux écrivains.

Basile. — Bastien. — Georges Davidson. — Thomas d'Harville. — Gustave Malbert. — GUSTAVE BOURDIN.

Gustave Bourdin, secrétaire de la rédaction du *Figaro* depuis sa fondation (1854). Il a rédigé de 1848 à 1855, sous l'anonyme, la Chronique de la 7e chambre dans *le Droit*. Il a toujours cherché à voiler sa personnalité. Il a signé, au *Figaro, Les Bruits de la ville* du pseudonyme de *Bastien;* les *Chroniques des théâtres* (en collaboration avec Eustache Lorsay) *Georges Davidson*, quelques articles *Gustave Malbert*, des Courriers de Paris *Basile*, et deux Causeries *Thomas d'Harville*, attribuées à Jules Lecomte, dont il avait pastiché la manière.

Vers cette époque, il y eut, pour les Courriers de Paris du *Figaro*, une série de pseudonymes empruntés aux personnages du *Barbier de Séville* et du *Mariage de Figaro*.

Gustave Bourdin a dirigé la publication de *l'Autographe*, et fut un instant rédacteur en chef du *Figaro*, avant sa transformation actuelle en journal quotidien.

Beaumont. — BEAUME.
Auteur dramatique.

Belligera. — TANDOU. — Éditeur.
Anagramme de *Gabrielle*.

Paul Ben. — PAUL CHAREAU.

Bengali. — G. Lionnel. — G. de Mirecourt. — Montdésir. — Comte LIONNEL DE CHATENAY.

Bernadille. — VICTOR FOURNEL. — *Moniteur universel.*

A. de Bernard. — Max Berthaud. — Poornick. (*La Foire aux Vanités.*) — Toison d'Or. (*Noblesse de contrebande.*) — A. DE CALONNE. — *Revue contemporaine.* — *Voltaire.*

P. N. — Léo de Bernard. — *Monde illustré.*

A. Bertalisse. — ALBERT LÉVY. — *Journal de la Jeunesse.*

De Biéville. — DESNOYERS. — *Siècle.*

Bixiou. — Bloomfield[1]. — Champfleury. — Molinchart. — JULES FLEURY HUSSON.

Comme on le sait, *Champfleury* est un pseudonyme. C'est M. Arsène Houssaye qui l'engagea à changer de nom. On trouve un fragment à ce sujet dans la *Lorgnette littéraire* de Charles Monselet :

« La manie dominante de M. Houssaye consistait à rebaptiser ses rédacteurs ; de M. *Jules Fleury* il a fait *Champfleury*, de M. Hippolyte Castille, le *Chevalier Castille ;* il a obligé M. *Aubriet* à s'appeler *Aubryet* avec un *y ;* nousmême, nous n'avons pas été à l'abri de ses tentatives euphoniques ; lorsque nous allions corriger nos épreuves à l'imprimerie Gerdès, il nous arrivait de trouver notre nom orthographié tantôt *Moncelé* (comme *Franjolé*), tantôt *Charles de Monselay*, et c'étaient de véritables combats pour obtenir la restitution du nom de nos pères. »

Henry Blaze. — Hans Werner. — CASTIL BLAZE DE BURY.

Dom Blazius. — MEUSY. — *Intransigeant.*

De Blowitz. — OPPERT.
Correspondant de *Grand'Maman Times.*

Blowitz est une petite ville de Bohême.

« On n'ignore pas, écrit *Toison d'or*, qu'il était d'usage chez les juifs allemands de prendre le nom de la ville dont ils étaient originaires. Lorsqu'au moyen âge ils durent adopter enfin un nom patronymique, il parut tout naturel

---

1. En anglais, *Champ fleuri.*

qu'on les dit Jacob Ratisbonne, Isaac Oppenheim, Abraham Brunswick, Salomon Fould. Les Rothschild portent également un nom de ville. Il en fut de même en Italie, où l'on trouve des familles juives appelées Rieti, Bari, Camuccia, Cassano. Nul ne s'avisera de croire que ces surnoms, devenus noms patronymiques, puissent jamais constituer un titre de noblesse. Y ajouter la particule, c'est tenter de donner le change au public et en imposer aux ignorants. »

Baron de Blumgarten. — Gaetano de Pogearido. — Comte THÉODORE DE PUYMAIGRE.

Le Comte de Boigny. — Louis Mulnier. — ALFRED DE MARTONNE.

Bonaventure. — Alfred Denis. — J.-B. SOULAS. — *Figaro.*

Boquillon. — A. HUMBERT. **—** *La Lanterne de Boquillon.*

J. Bormaure. — CHARLES BUET. **—** *Paris-Journal.*

Gontran Borys. — EUGÈNE BERTHOUD.

Boullenot de Bligny. — ALFRED BERNARD.

Le Bourgeois de Paris. — Pekao. — AUGUSTE VILLEMOT.

Boz. — CHARLES DICKENS.

Adolphe Bréant. — A. Fagnan. — EMILE DE GIRARDIN.

A. Brémond. — Adrien Huart. — *Charivari.*

Maurice Brepson. — Charles VI. — Dominique. — Haroun. — Jacques Olliviers. — Julien Sorel. — Louis XVIII. — J. Telio. (Anagramme.) — Charles Joliet.

L'auteur ôte ici son masque.

Il a signé des articles à divers journaux Maurice Brepson; au *Figaro*, Charles VI, (Cartes à jouer) et Jacques Olliviers; au *Nain Jaune* (1863), Louis XVIII; à la *Vie parisienne*, Haroun et J. Telio, sans compter les Initiales de fantaisie et les articles non signés.

Deux Romans, *Aurore* et *Le Crime du Pont de Chatou*, ont été publiés en feuilleton sous son pseudonyme de Julien Sorel, et édités sous son nom.

Brizacier. — Rivet. — *Intransigeant.*

Raymond Brucker. — Caliban. — Ramon Gomeril. — Emmanuel Gonzalès.

Paul Burani. — Urbain Roucoux.
Auteur dramatique.

W. Burger. — Thoré. — *Indépendance belge.*
Correspondance artistique.

Louis de Burgos. — Louis Lurine.

Son véritable nom est **Lurina.** Il a signé de ce pseudonyme *Un droit d'ainesse*, en collaboration avec Albéric Second.

C

C. — CHARLES CEYRAS. — *Europe*.

Cagliostro. — De Groudin. — De la Palférine. — Paul Verner. — EDOUARD PLOUVIER.

Edouard Plouvier a servi de type à l'un des personnages de *Daniela*, roman de George Sand.

P. N. — Camus. — *Journal des Débats*.

Ce Pavillon neutre faisait dire que tous les rédacteurs des *Débats* étaient *Camus*.

Caralp. — Albert Deville. — Maurice Dufresne. — EUGÈNE DE MONGLAVE (*Garay de Monglave*).

Jules de Cénar. — JULES DE CARNÉ. — (Anagramme.)

Clément de Chaintré. — Claude Durand. — Nicolas Gentil. — Maurice Simon. — A. Z. — TONY REVILLON.

UN JOURNAL ANONYME. — Tony Revillon, en compagnie d'un ou deux amis, a publié, en 1862, un journal anonyme : *Journal du Mois*, où il a mangé Victor Hugo par tranches, froid, et avec appétit. Le *Journal du Mois* eut une fin prématurée, mais violente.

Journaliste et romancier, écrivain clair, concis, grand talent d'observation, sens rare en choses littéraires et politiques, formé à l'école de Voltaire, Tony Revillon préfère la tribune au livre et la politique à la littérature.

Cette prophétie de 1866 s'est réalisée.

Changornas.— EMILE TABOULEUX.— *Esprit Gaulois.*

Chardon. — JULES DE PRÉMARAY. — *Figaro.*

Charles-Edmond. — CHOÏESKY.

Henri Charlet. — PIERRE GIFFARD.

Eugène Chavette. — EUGÈNE VACHETTE. — (Anagramme.)

De Chefboutonne. — Louis de Mazy. — BIGOT.

Chose et Machin. — N'importeki. — ABRAHAM DREYFUS. — *Gil Blas.*

Christophe. — XX. — THÉODORE DECAZES. — *Vie parisienne.*

Chrysale. — Émile Cruzel. — Xavier Ledoux. — Tek-Nab. — Marie d'Ussy. — ALBERT BLANQUET.

Albert Cim. — ALBERT CIMOCHOWSKY.

Joseph Citrouillard. — COMMERSON.

Louis Clodion. — CÉSAR PERRUCHOT.

William Cobb. — JULES LERMINA.

Colle Buono. — Lady Mortimer. — Comte de Ripa. — P. Ratti. — Lord Wigmore. — DE MORTEMART-BOISSE.

Émile Colombey. — EMILE LAURENT.

Né à Colombey (Meurthe), M. Colombey a signé de ce nom plusieurs volumes d'histoire littéraire, des articles de revue, des compilations judicieuses et d'un goût délicat publiées dans la collection Hetzel : les Duels célèbres, l'Esprit au théâtre, les Originaux de la dernière heure, etc.

Laurent Constant. — CONSTANT LAURENT fils.

Coqhardy. — **Frascata** [1]. — **René Maizeroy.** — BARON TOUSSAINT. — Vie Moderne. — Figaro.

Eugène Cormon. — DIESTRE.
Auteur dramatique.

Le Cormoran. — MARC-FOURNIER. — Figaro.

Covielle. — ALBERT ROGAT. — Nord.

M. Albert Rogat fit, dans le Nord, à M. Alexandre Dumas, la réponse suivante relative à son pseudonyme :
« M. Dumas se livre, à propos de mon pseudonyme, à des insinuations dont le sens m'échappe absolument, me défiant d'en apprendre proprement l'étymologie à mes enfants. Je confesse mon ignorance. J'ai emprunté à un personnage de Molière le nom que je mets au bas de mes Chroniques, et je ne sache pas qu'une mystérieuse et épouvantable étymologie soit cachée derrière ces syllabes que je persiste à croire inoffensives. »

---

1. EDMOND DESCHAUMES a signé Frascata des articles à la Chronique parisienne.

P. N. — Cramer.

Ce Pavillon neutre est adopté généralement par tout le commerce de Musique de Paris, et il abrite les mille fantaisies sur des motifs d'opéras nouveaux que leurs auteurs ne veulent pas signer.

Une Cravate Blanche. — Marie Escudier. — *Figaro.*

Maurice Cristal. — Maurice Germa.

Monsieur de Cupidon. — Rose Didier. — Trafalgar. — Charles Monselet.

P. N. — Le Curieux.

D

D. — Emmanuel Durand. — *Europe.*

Dahirelle. — Octave Robin. — Jacques Rolland. — Zadig. — Hippolyte Magen. — *Voltaire.*

Damedor. — Raphael Gouniot.

Dancourt. — Adolphe Racot. — *Gazette de France.* Critique théâtrale.

P. N. — Dangeau.

Daniel. — Félix Mornand. — *Vie parisienne.*

Ch. Darcours. — Ch. Réty. Théâtres.

Darjis. — ERNEST DÉTRÉ.

Darmailly. — GEORGES MAILLARD. — (Anagramme.)

P. N. — Pierre Dax. — *Artiste.*

Pol Dax. — ARTHUR POUGIN.

Deforges. — Desforges. — PITTAUD.
Auteur dramatique.

Alfred Delacour. — LARTIGUE.
Auteur dramatique.

Charles Del' Bricht. — CHARLES DELVAILLE. — *Gaulois.*

Del Tall. (Un Tel.) — PHILIPPE BURTY. — *Gazette des Beaux-Arts.*

Charles Demailly. — Vuarais. — E. MARION. — *Paris-Journal.*

Albert Dermont. — ALBERT DUPUIT.

Louis Derville. — LOUIS DESNOYERS.
On lit sur le Premier Numéro du *Charivari*, 1832 :
LOUIS DERVILLE, rédacteur en chef, rue du Croissant,
Hôtel Colbert.

L. Desmoulins. — B. Loustalot. — Mané. — Némo.
— Popinot. — Jean Raimond. — HENRI DE PÈNE. —
Gaulois. — *Indépendance belge.* — *Nord.* — *Paris-Journal.*

Desroncerets. — Louis Pollet. — *Club.*

Gustave Desrosiers. — Edouard Lemoine, frère de Montigny.

P. N. — Deux de ces Messieurs. — *Club.*

Henry Dey. — Dichard. — *Figaro.*

Dicastes. — Judex. — Galimard.

Sous le pseudonyme de *Judex*, *M. Galimard* loua ses tableaux dans les comptes-rendus du Salon de *la Patrie.* Sous le pseudonyme de *Dicastes*, il admira, dans les petits journaux d'art, ses tableaux et les appréciations du critique *Judex.*

Dick. — Lauzun. — Richard O'Monroy. — Vicomte de Saint-Geniès. — *Vie parisienne.*

Paul Dick. — Lambert-Thiboust. — Thiboust. — *Univers illustré. — Figaro.*

Marcel Didier. — Scapin. — Delilia. — *Voltaire.*

Dionys. — François Lecomte.

Jean Dobrée. — Paul Perret. — *Paris-Journal.*

Jean Dolent. — Antoine Fournier.

P. N. — Un Domino.

Don J. — Du Tilliet. — *Vie parisienne.*

Donato. — Alfred-Edouard Dhont.

Dora. — ERNEST DAUDET. — *Figaro.*

P. N. — **Dorante.**

Jean Dracia. — JEAN AICARD.

Ce pseudonyme, Anagramme renversée, figure sur un volume de Poésies : *Les Jeunes Croyances.*

Maurice Drack. — POITTEVIN.
Auteur dramatique.

Duallim. — MILLAUD. — (Anagramme.)

Léon Dubourg. — LÉON ROSSIGNOL.

Ducarnet. — COQUELIN *junior.* — *Voltaire.* La Bourse.

Alphonse Duchemin. — ALPHONSE DEPÈRE. — *Soir.*
Critique dramatique.

P. Dugers. — ULYSSE PIC.

A l'article : CONSEILLER DU PEUPLE (*Abonné au*), 1re livraison, page 33, *Quérard* dit :

Il a paru une autre critique de M. de Lamartine, *l'Anti-Conseiller*, par *P. Dugers*, réfutation nouvelle de M. de Lamartine (1849).

Denis Dupuy. — EMILE LAMÉ. — *Vie parisienne.*

Sous le pseudonyme de Denis Dupuy, *Émile Lamé*, auteur de *Julien l'Apostat*, a publié des articles et des nouvelles d'une finesse exquise. Il fut enlevé aux lettres au début de sa carrière. Tous ceux qui l'ont connu ont gardé de lui le plus cher souvenir; ceux qui l'ont lu regretteront un des écrivains les plus charmants de la nouvelle génération littéraire.

Pierre Durand. — EUGÈNE GUINOT.

Léon Durocher. — GUSTAVE HÉQUET.

E

Sir Edward. — EDOUARD SIEBECKER.

Car Egger. — **Adrien Moreau.** — **Hippolyte Raineval.** — **Ernest Valery.** — BOREL D'HAUTERIVE.

P. N. — **Ego.**

Pierre Elzéar. — **Bournier.** — ORTOLAN.
Auteur dramatique.

Émile André. — RABALET. — *Voltaire.*

D'Ennery. — PHILIPPE-D'ENNERY.
Nom de son père et de sa mère.

Eraste. — JULES JANIN. — *Indépendance belge.*

Calixte Ermel. — **Marc-Pontin.** — **Théobule.** —
ARMAND DE PONTMARTIN.

D'Erquar. — J.-M. Quérard.

Auteur de la *France littéraire*, des *Supercheries littéraires dévoilées*, du Journal *Le Quérard*, etc.

L'article qui lui est consacré, dans sa *France littéraire*, est signé *d'Erquar*, anagramme de son nom, pseudonyme que nous avons le plaisir de dévoiler.

En 1853, un ancien fonctionnaire du ministère de l'intérieur, M. Grille, le dépeignait ainsi :

« Voyez-vous ce petit homme, alerte encore, mais la tête grisonnante? Le voyez-vous en pantalon de nankin, durant l'été, partir le dimanche matin par le wagon?

« C'est Quérard. Il vient me voir, me serrer la main, se refusant à dîner avec moi, malgré mes instances. — C'est Quérard. Il a peur, il ne veut pas s'attarder sur les routes. Il me quitte, rentre à Paris et retourne à son perroquet, à ses serins, à ses moineaux qu'il aime comme Lesbie aimait le sien, et qui le délassent dans ses rudes et solitaires travaux de bibliographe.

« Quérard est un des hommes qui ont rendu le plus de services aux lettres. Tout ce qui lit veut avoir ses livres, mais quel parti tire-t-il de ses travaux? Le bonheur de les faire; ses imprimeurs mangent tout. Lui, de quoi vit-il? Je ne sais : c'est un problème. Une petite pension, un secours précaire et qui vient du nord, des neiges, d'un Russe, d'une aventure; c'est là toute sa sûreté.

« Que fait donc le ministre? Où vont les encouragements? Quérard est-il décoré? Non. Quérard se plaint-il? Peu. Demande-t-il? Point.

« Je le chéris et l'estime. Il m'a écrit souvent de bonnes et curieuses lettres. En voici une qu'il m'adressait à Angers quand j'y étais, et que nous débutions dans des relations qui se sont depuis animées :

« Êtes-vous, monsieur, satisfait de mon livre sur les

Auteurs apocryphes ? Il y a bien des omissions, mais dont une grande partie disparaîtra dans les additions du volume. Il est même un certain nombre d'articles que j'ai dû rejeter là, parce qu'au moment de l'impression je n'avais pas tous les renseignements nécessaires. Je m'en console, car, parmi ces additions, il en est d'assez fortes pour avoir fait soulever des sarcasmes de la petite presse et tuer mon livre si je les avais données à leur place. Quel que soit le jugement que porte la presse sur mon nouveau livre, je n'en persisterai pas moins à démasquer tous les charlatans littéraires, à signaler les réputations usurpées. La presse froissée criera, mais j'aurai les honnêtes gens pour moi.

« Votre très affectueux serviteur,

« J.-M. QUÉRARD.

« Paris, ce 19 juillet 1846. »

Ese. — HENRI SEPULVEDA.

Auteur de *Desde Comillas*, relation journalière du Voyage du roi Alphonse XII dans la province de Santander et de son séjour à Comillas, publiée dans le journal *El Imparcial*.

Henri Este. — X. Feyrnet. — Henrys. — ALBERT KAEMPFEN.

Albert Kaempfen a débuté en 1855, dans la *Gazette des Tribunaux*, où il a écrit pendant dix ans, et il a collaboré à *l'Illustration* de 1857 à 1865.

Henrys, Gazette du Palais. — *X. Feyrnet*, Courrier de Paris. — *Henri Este*, articles dans *La Vie Parisienne*.

Eurotas. — GUSTAVE CLAUDIN. — *Moniteur universel*.

F

Don Fabrice. — CHARLES DUCHER. — *Gil Blas. Estafette.*

Jean de Falaise. — Un Normand. — Marquis DE CHENNEVIÈRES.
Auteur des *Contes humoristiques.*

P. N.— Fantasio.

Fauchery. — GRAMONT. — *Intransigeant.*

René Ferdas. — FERDINAND DASSY.
Articles et Brochures. *Événement. Presse. Tribune médicale.*

Fernand X. — MAURICE FRANÇAIS. — *Voltaire.*

Gabriel Ferry. — L. DE BELLEMARE.

Fervacques. — LÉON DUCHEMIN.

A.-L. Fitz-Gérald. — ARMAND LUCY.

Docteur Flavius. — DOCTEUR JOULIN. — *Figaro.*

Fleurichamp. — JULES PATON.

Georges Fontenay. — Aimé Kienné. — Mary Mercier. — PAUL MAHALIN.

Forgues. — PAUL DAURAND.

P. N.— Fortunio.

Franck-Marie. — PEDORLINI.

De Fresnay. — DOCTEUR HAMON.

Paul Fresnay. — GUILLAUME LIVET. — *Voltaire.*

Frimousse. — RAOUL TOCHÉ. — *Gaulois.*

Fronsac. — TAVERNIER. — *Gil Blas.*

Frou-Frou. — Le Monsieur de l'Orchestre. — ARNOLD MORTIER. — *Figaro.* La soirée parisienne.

Le pseudonyme de *Frou-Frou* a été adopté ensuite par d'autres écrivains.

Fustin. — AUGUSTE DE LACROIX.

G

Édouard Gambo. — CÉNAC-MONTAUT.

P. N. — Gamma. — *Art musical.*

Ernest Garennes. — ERNEST GAY.

Gautier-Garguille. — EUGÈNE MORET.

G. B. O. D. — Les frères Gébéodé (G. B. — O. D.).
— MM. Gustave Brunet et Octave Delepierre.

Abel Georges. — Hippolyte Langlois.

Marc Gérard. — Théodore de Grave.

P. N. — Gérôme. — *Univers illustré.*

Ce pseudonyme est un *Pavillon neutre* qui a couvert
diverses personnalités : Albéric Second, Félix, Théodore
de Langeac, V. L. H., etc.

P. N. — Gil Blas.

Frédéric Gilbert. — Yveling Ram Baud. — *Liberté.*

P. N. — Paul Girard. — *Charivari.*

Jules de Glouvet. — Quesnay de Beaurepaire.

Louis Godefroy. — Louis Gottfried Lebœuf.

J. Graham. — Arthur Stevens.

Frédéric Thomas Graindorge. — Barnabé X. — F.
T. G., ou les mêmes initiales disposées autrement. —
H. Taine. — *Vie parisienne.*

Philippe de Grandlieu. — Léon Lavedan. — *Figaro.*

Docteur Grégoire. — Adrien Decourcelle. — *Figaro.*

Camille Gros. — Camille Beauvallet.

E. de Guépoulain. — Du Molay-Bacon.

Maître Guérin. — Stephen. — Caraby. — *Univers illustré.*

Jules Guinot. — Edouard Lockroy.

H

Hadès. — Staphila. — Guy dé Charnacé.

Haensel. — Jannet.
Éditeur de la Bibliothèque Elzévirienne.

Halbeer. — Albert de Lasalle.

Robert Halt. — Charles Vieu.

Hamor. — Dussaud. — *Illustration.*

Désiré Hazard. — Octave Feuillet.— Paul Bocage.
— Albert Aubert.

C'est de ce pseudonyme qu'Octave Feuillet a signé sa première œuvre : *Le Grand Vieillard.*

Georges d'Heilly. — Poinsot.

Charles d'Helvey. — Robert Hyenne.

Hérand. — Jules Troubat.

« On a fait beaucoup de contes, écrivait Arsène Houssaye dans la *Gazette des Étrangers*, sur ma fantaisie à changer les noms des débutants. Je suis de l'opinion d'Arouet, qui s'est baptisé *Voltaire*, de Poquelin, qui s'est baptisé Molière, de Caron, qui s'est baptisé *Beaumarchais*. Il y a vingt autres exemples, mais je n'ai vraiment baptisé que *Champfleury*, qui se nomme Jules Fleury. Pour moi, j'avais le droit de m'appeler Houssaye ou Housset, à mon choix, attendu que plusieurs des miens ne savaient pas même l'orthographe de leur nom. Et pourtant, c'est un nom qui a ses quartiers de noblesse, — et de roture. Mon père s'enorgueillit d'être un paysan sur ses terres, mon aïeul montrait ses parchemins avec fierté. »

La lettre suivante de Jules Troubat, secrétaire de Sainte-Beuve, établit que Champfleury n'est pas l'unique filleul tenu sur les fonts baptismaux de la littérature par l'auteur du 41ᵉ *Fauteuil*.

« 25 mai 1867.

« Je vous remercie, Monsieur, de m'avoir donné une place dans votre galerie des *Pseudonymes*. Il ne me reste donc plus de ce premier temps, je n'ose dire de ma vie littéraire, ce faux nez dont M. Arsène Houssaye avait voulu que je m'affublasse pour écrire la Chronique de l'Hôtel des Commissaires-priseurs dans *l'Artiste*. Vous savez quelle est la coutume du spirituel ancien directeur de la Comédie-Française; je m'étonne qu'on ait joué sous lui autre chose que du Marivaux. J'étais sûr d'avance, lorsque je devins l'un de ses rédacteurs, qu'il me proposerait de changer mon nom. J'en étais prévenu par un article de Monselet[1], et aussi par l'exemple d'un de mes amis, qui est mort, J.-B. Soulas, qui dut renoncer au prénom de Jean-Baptiste, qu'Arsène Houssaye n'aimait pas. « C'est peut-être pour cela, lui dit Soulas, que vous avez tant maltraité le poète Jean-Baptiste Rousseau. » Le poète Arsène sourit, mais Soulas prit tout au long le petit nom de *Bonaventure* dans le *Figaro*, où, dans le même temps, il signait des Cancans du nom d'*Alfred Denis*.

« Je m'étais donc muni de précaution en portant à M. Houssaye ma première Chronique de *Tableaux et Curiosités* pour *l'Artiste*. En la recevant, il courut droit à la signature : « Je vous chercherai un pseudonyme, me dit-il. » Je ne craignais rien tant que la particule. Je lui offris le nom de ma mère, *Hérand*, que je tenais en réserve : « Oh ! oh ! c'est un beau nom, me dit-il ; il commence par un H, comme Homère, Hugo... — Houssaye, » ne pus-je m'empêcher d'ajouter. Et qui ne l'aurait dit à ma place ? Cependant, quelques jours après, Hérand tout court lui parut trop simple ; il voulut y ajouter un embellissement : « Faites comme votre patron, me dit-il, — mon patron de ce temps-là, Champfleury, — il a pris un *Champ*, prenez un *Mont*, appelez-vous *Monthérand*. — « Et sur ce mont, lui dis-je, nous placerons un de vos moulins. » Mais ce projet d'annexion en resta là. »

C. Héroïm. — Chaudé.

Paul Heuzy. — Bridoye. — *Vérité*. Tribunaux.

L'Homme masqué. — Jean Rouge. — Émile Bergerat. — *Voltaire*.

Paul d'Hormoys. — Lambert.

1. Voir Champfleury.

Henri des Houx. — DURAND MORIMBEAU. — Directeur de *la Civilisation*.

Hubert. — GEOFFROY. — *Paris-Journal*. Chronique financière.

Le Père Hyacinthe. — CHARLES LOYSON.

I

Ignotus. — BARON PLATEL. — *Figaro*.

Ina. — Inauthentique. — EDGARD COURTOIS. — *Vie parisienne*.

P. N. — L'Inconnu.

Pierre Infernal. — Léo Trézenick. — LÉON EPINETTE.

L'Innominato. — Comte CONESTABILE. — *Figaro*.

L'Intimé. — ALFRED BUSQUET.

J

Le Bibliophile Jacob. — PAUL LACROIX.

Édouard Jacque. — EDMOND BAZIRE. — *Intransigeant*.

Janus. — ROBERT DE BONNIÈRES. — *Figaro*.

Jean de Nivelle. — CHARLES CANIVET. — *Soleil*.

P. N. — Jean de Paris.

P. N. — Jean qui passe. — *Vie populaire*.

Jean-sans-Peur. — HIPPOLYTE BABOU.

Jehan l'Historien. — Sainte-Gemme. — MONMERQUÉ.

Comte Jeneséki. — Baron DE JOUVENCEL, ancien député.

T. T. Jèz. — ZIGMUNT MILKOWSKI.

P. N. — Le Cavalier Jonas. — *Universel*.

Léon Joyeuse. — Olibrius. — Gaston Phœbus. — Jean de Vert. — FORTUNÉ CALMELS.

Bibliophile Julien. — BACHELIN DE FLORENNE.

Junius. — ALFRED DELVAU. — ALPHONSE DUCHESNE.

Une série de Lettres, qui ont préoccupé l'attention publique, a paru au *Figaro* sous le titre de : *Lettres de Junius*. Le Junius anglais n'a pas laissé sa carte de visite à la postérité. Nous avons celles de *MM. Alphonse Duchesne* et *Alfred Delvau*, qui ont réuni leurs Lettres en un volume. Attribuées, dans l'origine, à M. Philarète Chasles, qui en déclina la paternité, elles furent encore attribuées à d'autres écrivains. Un concours fut ouvert. Cinq Junius masqués entrèrent dans l'arène olympique. Ce sont, je crois : *MM. Barbey-d'Aurevilly, Charles Monselet, Jules Vallès*, et enfin le vrai *Junius*.

K

Karl. — CARLE DES PERRIÈRES. — *Vie parisienne.*

Léon Kerst. — LÉON DE FROIDEMONT. — *Voltaire.*

Kervani. — VON ISACKER.
Auteur dramatique.

Major Koff. — ALBÉRIC SECOND.

Kuntz. — Le docteur NICOLAS. — *Liberté.* Revue scientifique.

Kwick. — JACQUES RÉDELSPERGER. — *Vie parisienne.*

L

L. L. — LÉON et MARIE ESCUDIER. — *Europe.*

Labastide. — JULES ROBERT. — *Paris-Journal.*

E. de la Bédollière. — GIGAULT DE LA BÉDOLLIÈRE.

Laboureur. — VICTOR LEFÈVRE. — *Marseillaise.*

Achille Lafont. — ACHILLE EYRAUD.

Paul Lagarde. — LOUIS JUDICIS.

P. N. — F. de La Genevais. — *Revue des Deux-Mondes.*

Lamar. — ALBERT MIRAL.
Auteur dramatique.

Fernand Langlé. — LANGLOIS.

Ch. de La Rounat. — CHARLES ROUVENAT.

Edgard La Selve. — LASSELVES.

Sylvain Laspre. — LOUIS VEUILLOT.

Paul Lavigne. — ANATOLE LOQUIN. — *La Gironde.*

Amédée de Lavoiepierre. — Louis de Maule. — AMÉDÉE DE BAST.

René Lefebvre. — EDOUARD LABOULAYE.

René Lefebvre n'est pas à proprement parler un pseudonyme. Le nom de *M. Édouard Laboulaye* est *Édouard René Lefebvre de la Boulaye.* Voici le fragment d'une lettre adressée par lui à M. Jules Claretie, en réponse à un article publié dans *le Figaro : Paris démoli, La Rotonde du Temple.* Jules Claretie annonçait qu'on allait retrouver dans les décombres le testament de Marie-Antoinette. On n'a rien trouvé; mais cette hypothèse reposait sur une tradition dont il est question dans la réponse de M. Edouard Laboulaye :

« Monsieur,

« Il y a en effet dans ma famille une tradition conservée depuis soixante-dix ans, à tort ou à raison, et qui est celle-ci :

« C'est mon grand-père, Jean-Baptiste Lefebvre de la Boulaye, ancien notaire du roi Louis XVI, qui a bâti la Rotonde du Temple sur des terrains achetés à l'ordre de Malte, et dans l'intention assez étrange d'en faire un lieu d'asile pour les débiteurs poursuivis par leurs créanciers ; les biens du Temple (qui appartenaient à l'ordre de Malte) étaient à l'abri des officiers de justice.

« Mon grand-père habitait la Rotonde à l'époque où le roi et la reine étaient enfermés dans la Tour du Temple ; ma grand'mère, qui se nommait Savin de la Guerche, était une Vendéenne et une ardente royaliste. Son frère fut aide-de-camp de Charette et fusillé en Vendée.

« Suivant notre tradition de famille, ma grand'mère communiquait par signes avec Mme de Touzel, qui était enfermée avec la reine, et on lui aurait jeté le testament de la reine, qu'elle aurait caché dans la Rotonde. Ma grand'mère fut si vivement émue par les événements de la Révolution qu'elle en perdit la raison ; de façon qu'il m'est assez difficile de dire si ce n'est pas dans son égarement qu'elle a cru s'être mise en correspondance avec la reine. Ce qui est probable, c'est que Marie-Antoinette a dû faire son testament ; ce qui est sûr, c'est que nous ne l'avons pas.

« Cette tradition n'a pas grande valeur si, comme il est probable, on ne trouve rien dans la démolition ; mais si l'on trouvait un papier quelconque concernant le roi ou la reine, elle en prouverait l'authenticité. Je vous la donne telle que je l'ai reçue ; mon père est mort depuis longtemps ; mais sur ce point il n'en savait pas plus que ce que je vous dis ; il croyait cependant à l'existence du testament, mais il était fort jeune en 1793, étant né en 1780.

. . . .

« EDOUARD LABOULAYE. »

P. N. — Lefrançois. — *Temps.*

C'est ainsi qu'à l'origine fut signée la Correspondance anglaise de Louis Blanc.

P. N. — A. Legendre. — *Figaro.*

Jacques Lehardy. — CLÉMENT PRIVÉ. — *Chat noir.*

Henri Lemerle. — Rodolphe. — Schaunard. — HENRI MURGER.

Il a écrit au *Figaro*, sous le pseudonyme de *Schaunard :* *La Grande Marée,* — *Journal d'un Mystifié,* — *Les Propos des après-souper de Valentin.* C'est *Gustave Bourdin* qui lui a indiqué ce dernier pseudonyme. Henri Murger a signé *Henri Lemerle* au *Paris* de Villedeuil, et *Rodolphe* ses *Propos de Ville et de Théâtre* au *Figaro*, réunis en un volume.

Roger Lestrange. — CHARLES COLIGNY.

J. Levoisin. — JULES GIRARDIN. — *Journal de la Jeunesse.*

Arthur Lindsay. — OCTAVE SACHOT. — *Athœneum français.*

De Lorbac. — CABROL. — (Anagramme.)

︎Pierre Loti. — JULIEN VIAUD.

Officier de marine. Romancier.

B. Loulé. — ODYSSE BAROT.

Victor Luciennes. — PAUL LAFFITTE.

Docteur Lux. — Docteur CASTELNAU. — *Réveil* de Lécluze et *Intransigeant.*

E.-M. de Lyden. — J. MEILHEURAT.

Lyonell. — EMILE DACLIN.

M

A. D. M. — ALFRED DE MUSSET.

Alfred de Musset a publié en 1828 un conte : *l'Anglais mangeur d'opium* (Paris, Mame et Delaunay, 1828). Le titre, dit que le livre est traduit de l'anglais par A. D. M. (ses initiales). C'est plutôt imité qu'il faut dire, car Alfred de Musset y a mis beaucoup d'autobiographie.

Jean Malus. — MAUJEAN.
Auteur dramatique.

E. Manuel. — Quatrelles. — ERNEST LÉPINE.

La lettre suivante d'Eugène Manuel expliquera le motif qui a déterminé Ernest Lépine à renoncer au pseudonyme d'*E. Manuel*, sous lequel il a donné une pièce à la Comédie-Française :

« Paris, 29 septembre 1867.

« Monsieur, c'est à ceux qu'intéresse personnellement votre très utile et très ingénieux ouvrage sur les *Pseudonymes contemporains*, qu'il appartient de vous aider à le rendre plus digne encore de la curiosité de l'avenir. Le renseignement que je prends la liberté de vous fournir est minime, mais il me touche, et c'est assez pour expliquer ma lettre.

« A l'article *Manuel*, vous indiquez ce nom comme étant le pseudonyme de M. Ernest Lépine. Il l'a pris, en effet, pendant quelque temps, d'abord sans prénom, puis avec l'initiale E, sans doute Ernest. — Or, *E. Manuel* se trouvait être précisément mon nom, assez connu dans l'Université et dans quelques Revues spéciales. Sur ces entrefaites, la *Revue des Deux-Mondes* (1862) publia de moi un certain nombre de Poésies, que j'ai recueillies dans un volume couronné, l'an passé, par l'Académie française. Vous devinez qu'il dut se faire une confusion entre M. Lépine et moi. Tandis qu'on lui attribuait mes vers, on m'attribuait ses jolies pièces. Je lui écrivis, le premier, à ce sujet, et nous échangeâmes une correspondance dont je n'ai eu qu'à me louer. M. Lépine me promit de renoncer, ce qu'il a fait, à son pseudonyme, du moment qu'il pouvait passer pour le nom véritable d'un autre écrivain, et que ce masque était mon visage ; et, depuis ce temps, chacun de nous est rentré dans sa personnalité.

« Il a paru, il y a quelques années, dans le *Nain jaune*, des articles signés également *E. Manuel*. Ils n'étaient ni de M. Lépine ni de moi ; et comme ils étaient, forme et fond, de nature à m'en rendre, tout autant qu'à lui, la responsabilité désagréable, je dus écrire au journal une lettre qui fut insérée. Voilà donc un autre pseudonyme, dont je n'avais jamais eu le secret, et qui n'a pas reparu ailleurs, que je sache.

« Vous ferez, monsieur, du détail que je vous fournis l'emploi que vous jugerez convenable. Votre note n'est assurément pas inexacte, mais elle est faite pour prolonger une confusion que M. Lépine regretterait lui-même. J'aurais autrefois fait bon marché d'une question d'amour-propre ; j'ai la résignation moins facile depuis que j'essaye de me faire connaître, et puisque je n'avais probablement pas l'honneur d'être connu de vous, je vous prie d'agréer l'hommage du volume de vers qui vous vaut cette trop longue communication, avec l'expression de mes sentiments les plus sympathiques.

« EUGÈNE MANUEL,
« *Professeur au Lycée Bonaparte.* »

Henri Rochefort, dans un Courrier de Paris, a plaidé avec humour la cause des lettres, en protestant contre le pseudonyme de Manuel sur l'affiche de la Comédie-Française et contre les scrupules mondains en matière de littérature.

Un article signé M-t (Charles Monselet), signale ce pseudonyme : « M. Lépine croit ne plus pouvoir signer de son vrai nom ses productions dramatiques ; peut-être ce scrupule est-il exagéré. »

Leo de Marck. — CHARLES-BERNARD DEMARQUE.

Mardoche et Desgenais. — G. BÉRARDI et Divers. — *Indépendance belge.*

Ludovic de Marsay. — ALBERT DE LA FIZELIÈRE.

Jean de la Martrille. — Étienne Maurice. — ALCIDE DUSOLIER.

P. N. — Le Masque de fer. — PHILIPPE GILLE. — *Figaro.*

A. Matthey. — ARTHUR ARNOULD.

Andréas Memor. — DUC DE GRAMONT.
A publié sous ce titre un volume intitulé *l'Allemagne Nouvelle.*

Memor. — PAUL DELÉAGE. — *Gaulois.*

Mercier. — EDMOND MARTIN.

Mérinos. — MOUTON.

Mermeix. — GABRIEL DE VERMONT. — *Clairon. Gaulois.*

Charles Mérouvel. — CHARLES CHARTIER.

Miles. — NUMA BARAGNON. — *Paris-Journal.*

Paul de Miltière. — CHARLES HUGO.
A publié, sous ce pseudonyme, *Le Voyage de Victor Hugo en Zélande*, dans *la Liberté.*

Robert Milton. — DE SAINT-ALBIN. — *Figaro.*

Minimus. — CHARLES DESOLME.

Comte de la Miraye. — Navarre. — NAVARRO DELLA MIRAGLIA.

Eugène de Mirecourt. — JACQUOT.

Moléri. — DEMOLIÈRE.

Léo Montancey. — Léo Goudeau. — *Événement.*

Patrice Montclar. — Félicien Champsaur.

Montjoyeux. — Poignand.

Montretout. — **Quiquengrogne.** — **George Sparkling.**
— Un Frondeur. — George Petilleau.

George Petilleau, né à l'Ile Bouchard, le 9 décembre 1849, a fait ses études au Lycée de Tours. Venu à Paris en 1868, il est attaché au secrétariat du Canal Maritime de Suez. En 1872, il collabore au *Charivari*, à *la Vie parisienne*, au *Gaulois*, fonde deux journaux satiriques, *la Feuille de Madame Angot* (1873) et *la Fronde* (1874), confectionne des Revues et des Vaudevilles et fabrique des Almanachs (1875). Telles sont les premières étapes du journaliste.

A partir de 1876, on le retrouve à Londres, professeur à Sydenham-College, annotateur des ouvrages français contemporains, examinateur et conférencier, Correspondant du *Voltaire*, membre de la Société des Gens de Lettres et son représentant. En 1881, il est l'initiateur de la Société nationale des Professeurs de français en Angleterre ; le jeune Vice-président reçoit les palmes d'Officier d'Académie et, l'année suivante, fonde *le Français*, Bulletin de l'Association.

D'une activité extraordinaire, infatigable, doué de qualités solides qu'il doit à son père, le savant professeur B. M. Petilleau, ses facultés brillantes ont une ombre, les diamants noirs qui tombent de son encrier ont tous un crapaud. George Petilleau ne peut écrire un alinéa ou prononcer une phrase sans l'émailler de calembours, d'àpeu-près et de *combles* qui font rêver. Il met les mots en équilibre sur le bec de sa plume, et dans cette gymnastique où la langue lui sert de tremplin et de trapèze, il disloque son style comme un clown ses articulations. Le jour où il rejettera ces scories, qui sont la gourme de l'esprit français, mon filleul George Petilleau sera un écrivain plein d'humour et d'originalité.

Marquis de Morangle. — A. DE BELLOY.

Tiburce Moray. — PASCHAL GROUSSET.

G. de Morlon. — Marquis DE CHERVILLE.

Mustapha. — THÉODORE YUNG. — *La Vie parisienne.*

N

X. Nadié II. — LABOULAYE. — *Gaulois.*

Nancy de Croiziac. — NEISSE. — *Henri IV.*

Feu Nantho. — Thoinan. — ERNEST ROQUET.

P. N. — Nemo.

Néra. — Georges Rœderer. — A. DE BARENTON.

Nérestan. — Nicolas. — NÉRÉE DÉSARBRES.

R. Nest. — Raoul Nest. — Henri Cartier. — *Vie parisienne.*

Neuter. — Jean Ralph. — Pierre Véron. — *Charivari.*

Neuville. — Abdon Charles Félix Dubourg.

Charles Newill. — Adrien Robert. — Charles Basset.

On voit ces deux pseudonymes signés au-dessous l'un de l'autre :

Charles Newill
(*Adrien Robert*).

Nicholson. — Paul-Alexandre Nicole.

Théodore Nisard. — L'abbé Normand.

Nobody. — Poulet Malassis, éditeur.

Albert Nogaret. — Oscar de Poli. — *Patrie.*

Noll. — Jules Guillemot. — *Français.* Critique théâtrale.

Jules Noriac. — Eusèbe Martin. — Ary Sauvage. — Claude Antoine Jules Cayron.

Nuitter. — Truinet. — (Anagramme.)

Avocat, traducteur du livret du *Tannhauser* et de *la Flûte enchantée.* Il a fait jouer, sous ce pseudonyme, des opérettes et des vaudevilles aux Bouffes et au Palais-Royal.

O

Old Nick. — Forgues.

Traducteur d'Hawthorne et de nombreux romans anglais.

Old Noll. — Jules Barbey d'Aurevilly.

Après son roman *Le Chevalier Des Touches*, il publia dans *le Nain Jaune* une série de quarante articles, *Les Médaillons de l'Académie*, sous le pseudonyme d'*Old No'l*. Le dernier médaillon porte, au-dessous de ce pseudonyme, la signature de *Jules Barbey d'Aurevilly*.

P. N. — **Oméga.**

Omikron. — Léon Cladel. — *Europe.*

P

Panserose. — Louis Besson. — *Événement.* Théâtres.

P. N. — **Passe-partout.** — *Figaro-Programme.*

Le Père Gérard. — Boursin. — *Almanach.*

Pérégrinus. — **Sylvius.** — Edmond Texier. — *Siècle.*

Marc Perrin. — Marie Aycard.

Le Petit Chaperon Rouge. — ALPHONSE DAUDET.

Pharès. — LOUIS ULBACH. — *Indépendance belge.*

P. N. — Philinte. — NESTOR CONSIDÉRANT.
Correspondant du journal russe *la Voix.*

Ce pseudonyme a été adopté par d'autres écrivains.

Pierre et Jean. — ALBÉRIC SECOND. — H. DE VILLE-
MESSANT.

A propos des *Paris au jour le jour*, série de cinquante-
deux articles très vifs signés *Pierre et Jean*, on lit dans la
chronique d'*Albéric Second*, au *Grand Journal* :

« Ces *Paris au jour le jour*, dont je me souviens
beaucoup si le public ne s'en soucie guère, étaient des
articles hebdomadaires que nous rédigeâmes et publiâmes
de compte à demi pendant un an, *de Villemessant et moi*,
dans le plus terrible des petits journaux. »

Pigalle. — JEAN ROUSSEAU. — *Figaro* et *Autographe au Salon.*

Lord Pilgrim. — ARSÈNE HOUSSAYE et GÉRARD DE
NERVAL. — *Artiste.*

Pirouette. — COQUELIN cadet. — *Tintamarre.*

Polichinelle. — VICTOR KONING.

A. Polin. — AUGUSTE POLO. — *La France.*

Un Politique conservateur. — J.-J. WEISS. — *Voltaire.*

Jean Polonius. — X. LABENSKI.

Jean Populus. — Jules Viard.

Portland. — Maurel-Dupeyré.
Auteur dramatique.

P. P. C. — Armand Nisard. — *Vie Parisienne.*

Georges Pradel. — Emmanuel Pradier.

Georges Price. — Ferdinand Gustave Petitpierre.

Georges Prinn. — Théodore Favarel. — *Journal amusant.*

Julius Prœtor. — Alfred Julia.

Q

Quenat. — Gustave Naquet. — (Anagramme.)

Louis de Quercy. — Emile Villars.

Valentin de Quévilly. — Edmond About.

Pierre Quiroul. — L. Poupart-Davyl. — *Figaro.*

Quis? — Gustave Pinta. — *Figaro.*

R

Georges Rall. — DUBLEIX. — *Paris-Nord.*

P. N. — Ralph.

Carles de Rash. — CHARLES READ.
Editeur de *l'Intermédiaire.*

Raymond. — Pierre Stéll. — P. Stéphen. — Mᵉ CAR-RABY.

Pierre Raymond. — DE PORTO-RICHE. — *Estafette.*

Georges Raynal. — NORBERT BILLIART.

Antony Réal. — FERNAND MICHEL.

D. Pierre Rey. — Docteur Sylvain. — PIERRE BOYER.

Sébastien Rhéal. — SÉBASTIEN GAYET, frère de M. Amédée de Césena.

Charles de Ribelle. — AMABLE RIGAUD.

Jules Richard. — JULES MAILLOT.

Jules Richard a été employé au Ministère de la Guerre. Il entra dans la littérature par le cabinet de M. Hippolyte Castille, qui en fit son collaborateur pour ses *Biographies politiques*, et l'attacha au *Courrier de Paris*. C'est dans ce journal que Jules Richard publia, en 1859, des Notices exactes et piquantes sur les officiers de l'Armée d'Italie.

Marcel de Ris. — ALFRED TRANCHANT.

Robin. — HENRI DONKELLE.
Physicien.

Rochelle. — AMÉDÉE MARTEAU.

Rotislaf. — PRINCE LABANOW. — *Courrier russe.*
High Life.

De Rovray. — FIORENTINO.

S

E. S. — E. SPULLER. — *Europe.*

Saint-Amand. — LACOSTE.

Saint-Genest. — BUCHERON. — *Figaro.*

J. T. de Saint-Germain. — JULES TARDIEU.

H. de S.-M. — HECTOR DE SAINT-MAUR.
Auteur de la romance : *L'Hirondelle du Pri-*
sonnier.

Saint-Onge. — Y. — CASTAGNARY.

Lorsque Charles Sauvestre fonda la *Revue moderne*, en
1857, chacun avait choisi son rôle. Restait le Salon. Le
suffrage des rédacteurs désigna Castagnary. Il était alors
maître-clerc d'avoué de la plus importante étude de Paris.

« Il faudrait, dit-il, aller d'abord passer dix ans en Italie, en Espagne et en Flandre. » On insista, et Castagnary donna à la *Revue Moderne* la série d'études de Critique d'art réunies en volume sous le titre de *Philosophie du Salon de 1857.* En 1860, il quitta la cléricature et entra à *l'Opinion nationale.*

De Saint-Patrice. — Baron HARDEN HICKEY. — *Triboulet.*

De Saint-Rémy. — Le Duc DE MORNY.

Il a fait jouer des proverbes dans son hôtel sous ce pseudonyme.

Saint-Véran. — JULES BREYNAT.

Saint-Vrain. — HENRI LERICHE,

Paul de Sainte-Marthe, — DESSOLLIERS,

Saintine. — XAVIER BONIFACE,

Sam. — SAMUEL-HENRI BERTHOUD. — *Patrie.* Causeries scientifiques.

Satané Binet. — **De Suttières.** — FRANCISQUE SARCEY.

A l'époque où *Francisque Sarcey* envoya son premier article au *Figaro,* il faisait encore partie de l'Université. Il cherchait un pseudonyme.

«Signe *Satané Binet,* » lui dit Edmond About.

Telle est l'origine de ce pseudonyme, racontée par Sarcey dans un article du *Soleil.*

Savigny. — Henry Lavoix. — *Illustration*.

Adolphe de Sennety. — Bernard. — *Figaro*.

Serres.— Fernand Crésy.— Icrès. — (Anagramme.) — *Voltaire*.

P. N. — **Paul Sic.** — *Moniteur du Soir*.

P. N. — **Jacques Sincère.**

Paul Smith. — **Wilhem.** — Edouard Monnais. Rédacteur en chef de *la France musicale*.

Albert Soubies. — B. de Lomagne. — *Soir*. Critique musicale.

Vicomte Anatole de Sourdun.·— Henry Rey.

Un Spahis. — Eugène Razoua.— *Vie parisienne*.

Tour à tour marin et spahis, après avoir fait le tour du monde et séjourné dix ans en Afrique, *Eugène Razoua* est venu planter sa tente à Paris. Il a publié, sous ce pseudonyme . et sous son nom, une série d'articles militaires très originale et fort remarquée, aujourd'hui réunie en volume : *Souvenirs d'un Spahis, Aventures de guerre et de chasse*.

Spectator. — Auguste Polo. — *Europe*.

P. J. Stahl. — Hetzel.

Karl Star. — Charles Jouffroy. — *Opinion nationale*.

Stendhal. — Henri Beyle.

Stendhal dit dans la préface de *l'Amour* : « J'écris pour
cinquante personnes qui pourront me lire dans un
siècle. » On comprend qu'un écrivain aussi peu soucieux
de gloire pendant sa vie et qui méprisait la popularité,
devait aimer les pseudonymes sans transparence. Rien
que dans sa *Correspondance inédite*, j'ai relevé ceux-ci,
dont il signait ses lettres. La plupart d'entre elles,
quoique adressées à la même personne, portent des pseudonymes divers et capricieux. Les voici tous :

Conickphile. — Arnolphe II⁰. — Favier, capitaine.
— Chapelain. — François Durand. — L.-A.-C. Bombet,
marquis de Curzay. — H. Beyle (son nom). — Tori-
celli. — Robert frères. — Henry. — Henri Dupuy. —
Domenico Vismara, ingénieur à Novara. — Clapier
et Cᵉ. — Domenico V. — Laubry. — H... — Robert.
— Auguste. — J. — Alceste, — Blaize Durand. —
Chauvin. — Ch. de Saupiquet. — Stendhal. — Roger.
— B..., auteur de la vie de Rossini. — Choppin d'Or-
nouville. — S... — V. E. — Collinet de Gremme. —
Porcheron. — Edmond de Charency, chez Mᵐᵉ..., rue...,
n°... — Duversoy. — H. Beyle, lecteur assidu de l'*An-
nuaire*. — Polyle. — Love. — Puff. — « ... » — H. B.
— Beyle. — Comte de Chadevelle. — Joseph Charrin.
— Le Léopard. — Cottonet. — Choppin. — Justin
Louaut. — Dimanche. — Cotonet. — Méquillet. —

Poverino. — Champagne. — Ailhaud. — Meynier. — Dupellée. — Baron Dormant. — Baron Raisinet. — L'Ennuyé. — A.-L. Feburier. — Simon. — Durand. — Baron Brisset. — Periner. — Jules Pardessus. — Baron Patault. — Flavien. — Alfred de Ch. — Adolphe de Seyssel. — Chomont. — Hor. de Cluny. — Baron Boutonet. — Timoléon du Bois. — Timoléon Brenet. — Léonce D... — Casimir. — C. de Seyssel, âgé de cinquante-trois ans. — Chappuy. — Durand-Robet. — Caumartin. — Ch. Darnade. — Fabrice. — Jacques Durand. — A.-L. Champagne. — Louvet.

Stendhal était, je crois, secrétaire du préfet à Bordeaux, quand la fantaisie lui prit de contre-signer les arrêtés affichés sur les murs : *Henri de Beyle.*

Une main inconnue écrivit sous la particule nobiliaire: « *Plaisanterie déplacée dans les circonstances graves où nous nous trouvons.* »

P. N. — Daniel Stern.

Pseudonyme des Journaux de Musique[1].

Robert Stucy. — A. VERMOREL.

Études dans *la Nouvelle Revue de Paris*, intitulées : *Londres misérable, Nathaniel Hawthorne*, etc.

1. Voir ce pseudonyme dans les *Dominos féminins.*

T

Léo Taxil. — Jogand. — *Anti-clérical — Avant-garde.*

Adrien Tell. — G. Vapereau.

Thécel. — Edouard Lemoine. — *Indépendance belge.*

Thessalus. — Charles Boittier.

Jules Tibyl. — Charles-Edmond et Jules Claretie.

La Justice a publié, sous ce pseudonyme, un roman tiré d'une comédie non jouée de Charles-Edmond, *le Ménage Hubert*, dont Jules Claretie a été le metteur en œuvre. *Tibyl* vient du nom d'une rue de Bellevue, rue des *Thibilles*. Quelle peut bien être l'étymologie de ce nom ?

Tisté. — Charles Expilly.

Touchatout. — L. Bienvenu.

De Tournefort. — J. Wisniewski.

Timothée Trimm. — Léo Lespès.

P. N. — Tristan.

François Trollopp. — Paul Féval.

V

G. M. Valtour. — G. Vapereau et Maurice Tourneux.— *Illustration*. Notes et Impressions.

Les lettres G et M sont les initiales des prénoms. Le pseudonyme est formé par les premières syllabes des noms, *Va* et *Tour*, séparées par la lettre L.

Eugène Varner. — Charles Louveau.

P. N. — **Maxime Vauvert.** — *Monde illustré*.

L. de Vermond. — Louis Enault.

Georges Verner. — Henry Houssaye.

Vernon. — Paul et Arthur Delavigne.

Auteurs dramatiques.

Verpy. — René Brunnescœur.

Charles Viator. — Joseph Charles Vendryes.

Un Vieux petit employé. — Yves Guyot. — *Lanterne*.

Marquis de Villemer. — Charles Yriarte.

La brillante série des *Portraits parisiens*, de Charles Yriarte, qui passionna si longtemps la curiosité des lec-

teurs du *Figaro*, fut adressée sans signature au journal.
Comme on corrigeait les épreuves du premier Portrait au
bureau de l'imprimerie, M. de Villemessant prit les avis
des rédacteurs présents pour le choix d'un pseudonyme.
On proposa *Duc Job* et quelques autres. C'était à l'époque
du succès du *Marquis de Villemer* à l'Odéon. Ce nom avait
un parfum d'élégance et une allure cavalière. Il fut pro-
noncé et choisi.

J'ai autrefois publié un travail assez étendu sur les
Portraits parisiens de Charles Yriarte, *livre à clef* dont j'ai
forcé la serrure. Ces portraits sont des types coulés dans
le moule des *Caractères* de La Bruyère. Plusieurs sont
empruntés à des personnages du jour et à des physio-
nomies très parisiennes. Les *types* sont tracés par un
procédé littéraire analogue à la méthode des peintres.
Pour peindre Vénus, ils prennent une main, un pied, un
torse, un bras, une oreille, à vingt modèles qui, malgré
leur imperfection, ont une beauté de détail. Dans les portraits *vivants*, d'après *l'ensemble*, l'auteur a semé çà et là,
de parti pris, des traits étrangers ou d'ordre général,
pour éviter une ressemblance trop photographique.

Je crois que ce serait une grave erreur de critique ou
d'appréciation que de classer cet ouvrage dans le genre
des pastiches de La Bruyère. Il y a une touche très personnelle, une allure vive, moderne, qui leur donne une
physionomie toute parisienne et un cachet original. Ce
sont des statuettes de Pradier. Le marbre est maquillé,
si on veut, mais c'est du marbre sculpté par un artiste.

Charles Yriarte a longtemps signé **Junior** ses Courriers du *Monde illustré*.

P. N. — E. Villiers. — *Charivari*.

Arthur Vingtras. — JULES VALLÈS.

Voisenbert. — AUGUSTE VITU. — *Estafette*. Chronique financière.

On trouve dans *Voisenbert*, par anagramme : *En bois vert*.

G. Vorlac. — LOUIS LACOUR. — (Anagramme.)

P. N. — Comte de Vornoux. — Marquis de la Housselaye. — Marquis ALEXIS DE POMEREU.

Le pseudonyme de *Marquis de la Housselaye* est commun au marquis *Alexis de Pomereu* et à *Tony Revillon*.

W

Paul Walter. — PAUL DE CASSAGNAC.

P. N. — Weller. — *Courrier de Paris*. Correspondance anglaise de Louis Blanc.

John White. — PAUL HADOL. — *Vie parisienne*.

John Wilks. — NÉRESTANT.

Nérestant était un journaliste financier. Il avait été rédacteur en chef du *Courrier de l'Europe* et collaborateur de la *Situation* et de la *Semaine financière*. Il habitait

Londres, d'où il envoyait, aux journaux français et étrangers, des Correspondances et des articles sur le *Money-Market*.

Ivan de Wœstyne. — HENRI VAN DE WŒSTYNE DE GRAMMEY.

X

P. N. — X.

X. — CLÉMENT CARAGUEL. *Revue politique et littéraire.*

X. — HENRI MARET. — *Vie parisienne.*

Henri Maret, aujourd'hui député, est né à Sancerre (Cher), et fit avec succès ses études à Bourges, dans une pension religieuse. Placé par son cousin, le duc de Bassano, à la Préfecture de la Seine, il ne tarda pas à se débarrasser du collier bureaucratique et le remplaça par le harnais littéraire. Il débuta à l'*Illustration*. A la fondation de *la Vie Parisienne*, en 1863, il écrivit surtout ces faits classés sous le titre de *Choses et autres*, sous le *Pavillon neutre* de la lettre X.

X. — HENRI ROCHEFORT DE LUÇAY. — *La Marseillaise*. Correspondance de Suisse.

Rochefort a signé H. de Luçay dans le *Mousquetaire* d'Alexandre Dumas (1854).

P. N. — XXX. — *Revue de Paris.*

Y

P. N. – Y.

Z

P. N. — Z.

Gustave Z. — GUSTAVE DROZ. — *Vie Parisienne.*
Il a signé aussi des articles de l'initiale G.

Zanoni. — EUGÈNE TARBÉ DES SABLONS.

PEINTRES, DESSINATEURS

ET SCULPTEURS

PEINTRES, DESSINATEURS ET SCULPTEURS

Les dessinateurs semblent affectionner les pseudo-nymes, ou plutôt les noms d'artiste.

Bertall. — ALBERT D'ARNOULT.

Bertall est l'anagramme renversée de son prénom. C'est Balzac qui l'a engagé à prendre ce pseudonyme.

Gust. C***. — COURBET.

Il a signé de ces initiales quatre petits dessins ornant les *Essais poétiques* de *Max B.* (*Max Buchon*), volume publié à Besançon en 1839.

Cham. — DE NOÉ.

Cham a été attaché au Ministère des finances, Secré-tariat général.

A la salle des Estampes de la Bibliothèque, on lit au-dessus d'une rangée de cartons, en grosses lettres :

CHEVALLIER. — NOÉ.

On se demande : Quels sont ces artistes ? On s'approche des étiquettes, et on lit au-dessous des noms, en caractères microscopiques :

Gavarni. — *Cham.*

Chéret. — JEAN-LOUIS LACHAUME DE GAVAUX.

Peintre-Décorateur, né à la Nouvelle-Orléans en 1820; mort à Paris en 1882.

Crafty. — GÉRUZEZ. — *Vie parisienne.*

Draner. — Paf. — RENARD. — (Anagramme renversée.)

Jacques France. — PAUL LECREUX.

Gavarni. — PAUL CHEVALLIER.

Une anecdote :

Gavarni avait affaire à un fonctionnaire d'Auteuil, pour la vente d'une maison de campagne.

Le fonctionnaire lui demande son nom :

« Je m'appelle *Chevallier*, répond le Balzac du crayon, mais je suis un peu plus connu sous mon nom d'artiste *Gavarni.*

— Gavarni ?... Attendez donc !.. En effet... je crois me rappeler... Ah ! oui... c'est vous qui faites des caricatures... des bêtises... des drôleries... dans *le Charivari*, n'est-ce pas ?

— Oui, monsieur. »

Voici quelques détails donnés par Jules Claretie au sujet de son pseudonyme :

Gavarni est mort, à soixante-cinq ans. Il était né à Paris, non à Tarbes, comme on l'a dit. C'est à Tarbes, il est vrai, qu'il passa sa jeunesse. Ses souvenirs, ses premiers, ses meilleurs, datent de la vallée d'Aure, des cascades de Grip ou de la grotte du Bédat. Il avait été mécanicien d'abord. Ce fashionable avait connu l'âpre et dur travail; mais il dessinait. Les journaux de modes eurent ses premières œuvres. Un beau jour, il envoie à Paris, au Salon, deux aquarelles. Il les date de *Gavarnie*. Au Salon on se trompe, on catalogue *M. Gavarni*. Les aquarelles ont du succès, le nom de *Gavarni* est imprimé et répété. Et *Paul Chevallier* de rire. Ce nom lui resta, ou plutôt il resta à ce nom.

« Est-ce que vous êtes cousin de la cascade de Gavarnie? lui demanda un jour une dame qui *faisait* de l'esprit et qui croyait en avoir.

— Oui, madame, cousin *issu de Germain.* »

Germain était le nom du brave homme qui avait catalogué les aquarelles.

Les amis de Paul Chevallier parfois l'appelaient aussi *le Chevalier de Gavarni*.

André Gill. — Louis Gosset de Guines.

J. J. Grandville. — Gérard.

Carlo Gripp. — Charles Tronssens.

H. de Hem. — **Hy.** — Henri de Montaut. — *Vie Parisienne.*

Henriot. — **Pif.** — Henri Maigrot. — *Charivari.*

Marcelin. — EMILE PLANAT.

La Vie parisienne est une fourmilière d'anonymes et de pseudonymes. Nous en avons donné un assez grand nombre. Souvent Marcelin s'amuse à dépister les recherches par des pseudonymes, des initiales ou des indications imaginaires. Ainsi, on annonça un jour qu'une très grande dame, dont on publiait la lettre, écrirait la *Revue du Salon* de peinture. Le compte-rendu parut sous la signature de THILDA. Ce pseudonyme avait la transparence et la sonorité du cristal. La lettre d'avis, certaines phrases adroitement calculées sur le portrait de l'Empereur exposé au *Salon carré*, désignèrent une princesse. Son nom courut dans les journaux, et la signature de *Thilda* s'évanouit. Ce n'était pas une plume d'aigle.

L'auteur était Gustave Droz.

Une autre fois, le *Salon* fut signé : MARQUIS DE B.....Y. On y glissa quelques allusions anglaises, qui motivèrent une lettre rectificative du *marquis de Boissy*. La Vie parisienne invoqua sa candeur parfaite, et déclara que le Salon était dû à la plume de M. *Marquis*, négociant *de Beaugency*.

Il faudrait un volume pour établir par à peu près la bibliographie de cette collection, qui s'embrouille de jour en jour. Quérard y aurait renoncé.

Mars. — MAURICE BONVOISIN.

Nadar. — TOURNACHON.

Phryz. — KNIGHT BROWN.
Dessinateur et Caricaturiste anglais.

Karl Robert. — GEORGES MEUSNIER.

Léo Saba. — Sabatier. — *Vie Parisienne.*

Sapeck. — Bataille.

Stop. — Louis Morel Retz.

Stop était un chien de chasse qu'il aimait beaucoup.

Talin. — Henri Meilhac.

Sous ce pseudonyme, Henri Meilhac a longtemps dessiné au *Journal amusant.* Comme Cham, il a passé au Ministère des finances.

Trick. — Trock. — Liquier.

Félix Y. — Félix Régamey.

COMPOSITEURS & MUSICIENS

COMPOSITEURS ET MUSICIENS

Henri d'Aubel. — HENRI LEBEAU. — (Anagramme.)

Audréas Balken. — BARRAULT DE SAINT-ANDRÉ.
Compositeur de romances et de musique d'église.

Victor Chéri. — VICTOR CIZOS.

Hervé. — RONGER.

Meyerbeer. — MAYER BEER.
Voici la lettre adressée à Timothée Trimm, (Léo
Lespès), par M. Léon Halévy :

« 28 mai 1867.

« Cher Monsieur,

« Dans votre article sur les *Pseudonymes*, vous répétez,
d'après M. Charles Joliet, parlant des musiciens pseudonymes :

« Halévy s'appelait Lévy.
« Meyerbeer s'appelait Beer.

« Je réponds : Mon frère s'est toujours appelé *Halévy*. Il
n'a jamais porté d'autre nom que celui de notre père.
C'est sous le nom d'*Halévy* qu'à *treize* ans il était répé-
titeur au Conservatoire, qu'à vingt ans, en 1819, il rem-
portait le grand prix de Rome, qu'à vingt et un ans il
faisait graver et dédiait à Cherubini, son maître, son
De profundis à grand orchestre, exécuté au temple israélite
pour la mort du duc de Berry.

« Pour Meyerbeer, l'assertion est de toute exactitude.
Reste à savoir si une altération de nom, qui consiste à
réunir le prénom au nom patronymique, et, la jonction
faite, à supprimer une majuscule, peut s'appeler un *pseudonyme.*

« Toujours est-il qu'avant *Robert-le-Diable*, Meyerbeer
avait toujours signé ses œuvres MAYER-BEER. *Il Crociato*
a été représenté sous cette désignation aux Italiens. J'ai
sous les yeux, au moment où je vous écris, la brochure de
Marguerite d'Anjou, drame lyrique en trois actes, représenté à l'Odéon en 1826. Le titre porte, première et imper-
ceptible modification : musique de M. **Meyer-Beer**.

« *Mayer* est devenu *Meyer*.

« A l'époque de *Robert-le-Diable*, transformation com-
plète et définitive : l'affiche dit **Meyerbeer**. Le sacrifice
fait par le compositeur à l'*euphonie*, dont il connaissait le
pouvoir en France, eut ce résultat assez grave, que
Meyerbeer ne porta plus le nom de son père ni celui de ses
deux frères : Michaël Beer, poète distingué, l'auteur de
Struensée, et Guillaume Beer, astronome renommé, morts
tous les deux avant lui. »

Nicolo. — NICOLAS ISOUARD.

Alain de Pont-Croix. — Armand Gouzien.

Ernest Reyer. — Rey.

Georges Stern. — Lecoq.

COMÉDIENS ET COMÉDIENNES

COMÉDIENS

Bache. — DE BRUILLE.

Baron. — BOUCHÊNE-BARON. — *Variétés.*

Belval. — GAFFIOT. — *Opéra.*

Berton. — MONTAN. — *Vaudeville.*

Castelmary. — CASTAN. — *Opéra.*

Chelles. — PAUL LECHIEN. — *Odéon.*

Clarence. — CAPPUA.

Cooper. — HENRI VANDERJEUCHT.

Daubray. — MICHEL THIBAUT. — *Palais-Royal.*

Delval. — D'AUBIGNY. — *Opéra.*

Désiré. — COURTECUISSE. — *Palais-Royal.*

Dormeuil. — CONTAT-DESFONTAINES.

7

Dumaine. — Louis Person.

Félix. — Cellérier. — *Vaudeville.*

Ferville. — Vaucorbeille. — *Gymnase.*

Garcia. — Rodriguez.

Garcia est le père de la *Malibran* et de Mme *Pauline Viardot.*

Gaston. — Eugène Mestépès.

Gil Pérez. — Charles-Jules Jolin.

Hyacinthe. — Louis Duflost. — *Palais-Royal.*

Ismaël. — Jammes. — *Opéra.*

Jenneval. — Edouard Lemoine.

Kime. — De Blonde.

Lacressonnière. — Lesot de la Penneterié.

Lafontaine. — Thomas.

Lassouche. — Bouquin de la Souche.

Léonce. — Edouard Nicole. — *Variétés.*

Lhéritier. — Romain Thomas. — *Palais-Royal.*

Luguet. — Bénéfond. — *Palais-Royal.*

Martel. — Auguste Caristie. — *Comédie-Française.*

Paulin Ménier. — JEAN LECOMTE.

Milher. — EDOUARD HERMIL. — (Anagramme.) — *Palais-Royal.*

Mirecourt. — TRANCHANT. — *Comédie-Française.*

Monrose. — BARRIZAIN. — *Comédie-Française.*

Montbars. — JULES-ALEXANDRE KALITOWITSCH. — *Palais-Royal.*

Montigny. — GUSTAVE LEMOINE. — Directeur du *Gymnase.*

Montrouge. — LOUIS HESNARD.

Monval. — GEORGES MONDAIN.
Archiviste de la *Comédie-Française.*

Numa. — BASCHEFER.

Omer. — PENOT. — *Gaîté.*

Porel. — DÉSIRÉ PARFOURU.

Richard. — MAZURE. — *Comédie-Française.*

Sainte-Foix. — PUBEREAUX. — *Opéra-Comique.*

Talbot. — STANISLAS MONTALANT. — *Comédie- Française.*

Tallien. — EMILE-EUGÈNE LAURENT.

Villeray. — DE RHÉVILLE. — *Gymnase.*

COMÉDIENNES

Agar. — Florence-Léonide Charvin. — *Comédie-Française.*

Alexis. — Jeanne Bury. — *Vaudeville.*

Alphonsine. — Jeanne Benoist. — *Variétés.*

Lea d'Asco. — Victorine Girard.

Bartet. — Régnault. — *Comédie-Française.*

Zoé Belia. — Delau. — *Opéra-Comique.*

Bianca. — Blanche Boissard. — *Comédie-Française.*

Marie Cabel. — Marie Dreullette.

Cambardi. — Chambart.

Crenisse. — Grieneisen. — *Palais-Royal.*

Cruvelli. — Mme la comtesse Vigier, née Cruvel. — *Italiens.*

Daudoird. — GIRAUD. — *Nations.*

Delval. — LÉONTINE-IRMA-PHILOMÈNE GORET. — *Porte-Saint-Martin.*

× **Demorcy.** — LOUISE MONSELET. — *Odéon.*

Deschamps. — BEAUREGARD. — *Palais-Royal.*

Desclauzas. — ARMAND. — *Renaissance.*

Devoyod. — DE VOYOD. — *Comédie-Française.*

Dudlay. — DULAIT. — *Comédie-Française.*

Duverger. — VAUTHRIN DE SAINT-URBAIN.

Elluini. — ELLUIN. — *Folies-Marigny.*

Engalli. — ALEUEJEN [1]. — *Opéra-Comique.*

Jane Essler. — FESSLER.

Favart. — MARIE PINGAUD. — *Comédie-Française.*

Feyghine. — JULIA FEIGIN. — *Comédie-Française.*

Cette pauvre Feyghine, écrit Armand Gouzien, je l'ai connue fillette au Château de Hal, chez son oncle Servais, le grand virtuose flamand. Son nom se prononçait à la russe, Feygine, selon l'orthographe de fantaisie, à la physionomie pittoresque, à la consonance musicale, dont on l'a travesti pour le théâtre.

---

1. ALEUEJEN. — Ce Nom est sans doute une Anagramme : A. LEJEUNE.

Géraldine. — Clémence Boudin. — *Variétés*.

Pauline Grangé. — Roziêr. — *Comédie-Française*.

Grossi. — Maffio Azucena.

Judith. — Bernat. — *Comédie-Française*.

Karoly. — Duvau. — *Odéon*.

Mme Laurent. — Bénite.

Léontine. — Lupperger.

Clarisse Miroy. — Midroy.

Montaubry. — Lehec. — *Opéra*.

Marie Montbazon. — Livergne. — *Bouffes*.

Nathalie. — Zaïre Martel. — *Comédie-Française*.

Georgette Olivier. — Viguier. — *Palais-Royal*.

Alice Ozy. — Pilloy.

Pasca. — Pasquier. — *Gymnase*.

Patry. — Pesty. — *Porte-Saint-Martin*.

Ramelli. — Broussin. — *Odéon*.

Raucourt. — Bouchène. — *Odéon*.

Réjane. — Réju. — *Vaudeville*.

Rival. — Champenois. — *Odéon*.

Marie Sax. — MARIE SASSE.

Marie Sax, de l'Opéra, femme de *M. Castelmary*, a été invitée par *M. Adolphe Sax* à quitter ce nom. Les trompettes de la presse n'ont pas fait défaut à ce procès retentissant. A la suite de cette revendication de nom, *Mme Marie Sax* a ajouté un *e* à son nom, **Marie Saxe.** L'Allemagne n'a pas réclamé, mais *M. Sax* a continué son action judiciaire.

Le nom de *Marie Sax* est *Marie Sasse*. Elle a ôté l'*e* final et s'appelle **Marie Sass.**

L'histoire de ce pseudonyme ressemble à celle de la quenouille de sainte Geneviève, car il nous a donné bien du fil à retordre.

Silly. — GORET. — *Nouveautés.*

Rosine Stoltz. — LESCUYER.

Tallandiera. — MARIE-AMÉLINA DUBREUIL. — *Gymnase.*

Théo. — Mme VACHER, née PICCOLO.

Théo est la moitié du prénom de son mari.

Thérésa. — EMMA VALLADON.

Mémoires de Thérésa.

Il a paru, dans *le Nain Jaune*, une lettre signée *Thérésa*, en réponse à une attaque de M. Louis Veuillot dans les *Odeurs de Paris*. Cette lettre est attribuée à *M. Eugène Pelletan.*

Thierret. — GEORGIN. — *Palais-Royal.*

Trebelli. — Mme GILLEBERT. — (Anagramme.)

Mary Vallier. — CHEVALLIER. — *Odéon.*

Volsy. — BLONDEAU. — *Odéon.*

TABLE GÉNÉRALE

DES NOMS ET DES PSEUDONYMES

TABLE GÉNÉRALE

DES NOMS ET DES PSEUDONYMES

A

B

C

E

F

G

H

I

J

K

L

M.

N

O

P

Q

R

S

T

U

V

W

X

| X. | 91 | XXX. | 91 |
| XX. | 50 | | |

Y

| Y. | 82-92 | Yriarte. | 88 |
| Y. (Félix). | 99 | Yung. | 76 |

Z

Z.	92	Zanoni.	92
Z. (Gustave).	92	Zigmunt Milkowski.	66
Zadig.	52	Zut.	18
Zampa.	33		

FIN DE LA TABLE GÉNÉRALE
DES NOMS ET DES PSEUDONYMES.

TABLE DES MATIÈRES

FIN.

2351-83. — Imprimerie D. Bardin et Cᵉ, à Saint-Germain.

www.ingramcontent.com/pod-product-compliance
Lightning Source LLC
Chambersburg PA
CBHW050000100426
42739CB00011B/2447